L'ART

DE

PRÉLUDER ET DE MODULER

dans tous les tons majeurs et mineurs

à l'usage

des Pianistes, Organistes,

Accompagnateurs et Chanteurs

PAR

HENRI ROUBIER

Prix net : 8f

Paris chez RICHAULT, Boulev.^t Poissonnière, 26 au 1.er

5816. R.

Si j'offre cet ouvrage au public, c'est avec l'opinion que je crois bien fondée qu'il sera très utile aux élèves de Piano et d'Orgue dont les connaissances musicales ne sont pas encore assez étendues pour préluder et moduler d'eux mêmes.

J'ai taché de le rendre complet. Pour arriver à ce résultat, j'ai pris l'échelle diatonique, chromatique et enharmonique de chaque ton majeur et mineur, afin que toutes les modulations du système soient représentées d'une manière mélodique et sans dureté.

J'engage les élèves à les apprendre par cœur et à jouer le prélude du ton suivant quand ils passeront d'un morceau à un autre, afin de bien établir la tonalité du morceau.

Ces petits préludes seront très utiles pour apprendre à lire dans tous les tons à cause de la quantité d'accidents que nécessite chaque modulation, ils peuvent servir en outre au service de l'église Catholique avant chaque versets.

Les tables des préludes et modulations sont présentées dans l'ordre suivant :

1°. Passage d'un ton majeur à tous les autres tons majeurs. (14 Préludes)

2°. Passage du même ton majeur à tous les tons mineurs. (15 Préludes)

3°. Du même ton rendu mineur, à tous les autres mineurs. (14 Préludes)

4°. Du même ton mineur à tous les tons majeurs. (15 Préludes)

Impr. Langlet rue Gadet 18.

MODULATIONS

DE DO ♮ MAJEUR DANS TOUS LES AUTRES TONS MAJEURS.

N.º 1. De DO ♮ majeur en DO ♯ maj.

N.º 2. De DO ♮ majeur en RÉ ♭ maj.   N.º 3. De DO ♮ majeur en RÉ ♯ maj.

N.º 4. De DO ♮ majeur en MI ♭ maj.   N.º 5. De DO ♮ majeur en MI ♯ maj.

N.º 6. De DO ♮ majeur en FA ♭ maj.   N.º 7. De DO ♮ majeur en FA ♯ maj.

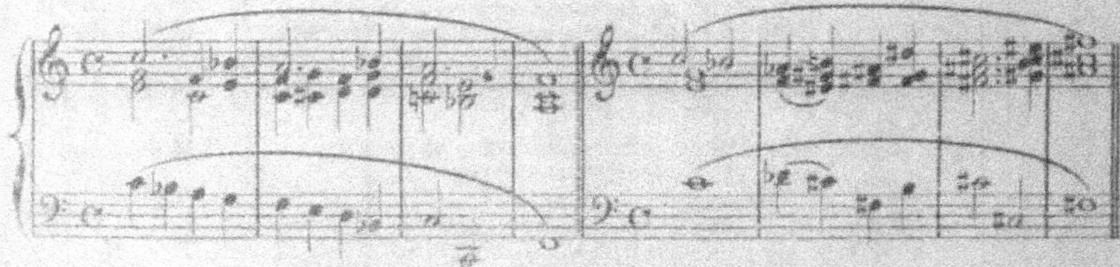

N.º 8. De DO ♮ majeur en SOL ♭ maj:
N.º 9. De DO ♮ majeur en SOL ♮ maj:
N.º 10. De DO ♮ majeur en LA ♭ maj:
N.º 11. De DO ♮ majeur en LA ♮ maj:
N.º 12. De DO ♮ majeur en SI ♭ maj:
N.º 13. De DO ♮ majeur en SI ♮ maj:
N.º 14. De DO ♮ majeur en DO ♭ maj:

MODULATIONS

DE DO ♮ MAJEUR DANS TOUS LES AUTRES TONS MINEURS

N.º 1. De DO ♮ majeur en DO ♭ min:

N.º 2. De DO ♮ majeur en DO ♯ min: N.º 3. De DO ♮ majeur en RÉ ♭ min:

N.º 4. De DO ♮ majeur en RÉ ♯ min. N.º 5. De DO ♮ majeur en MI ♭ min:

N.º 6. De DO ♮ majeur en MI ♮ min: N.º 7. De DO ♮ majeur en FA ♮ min:

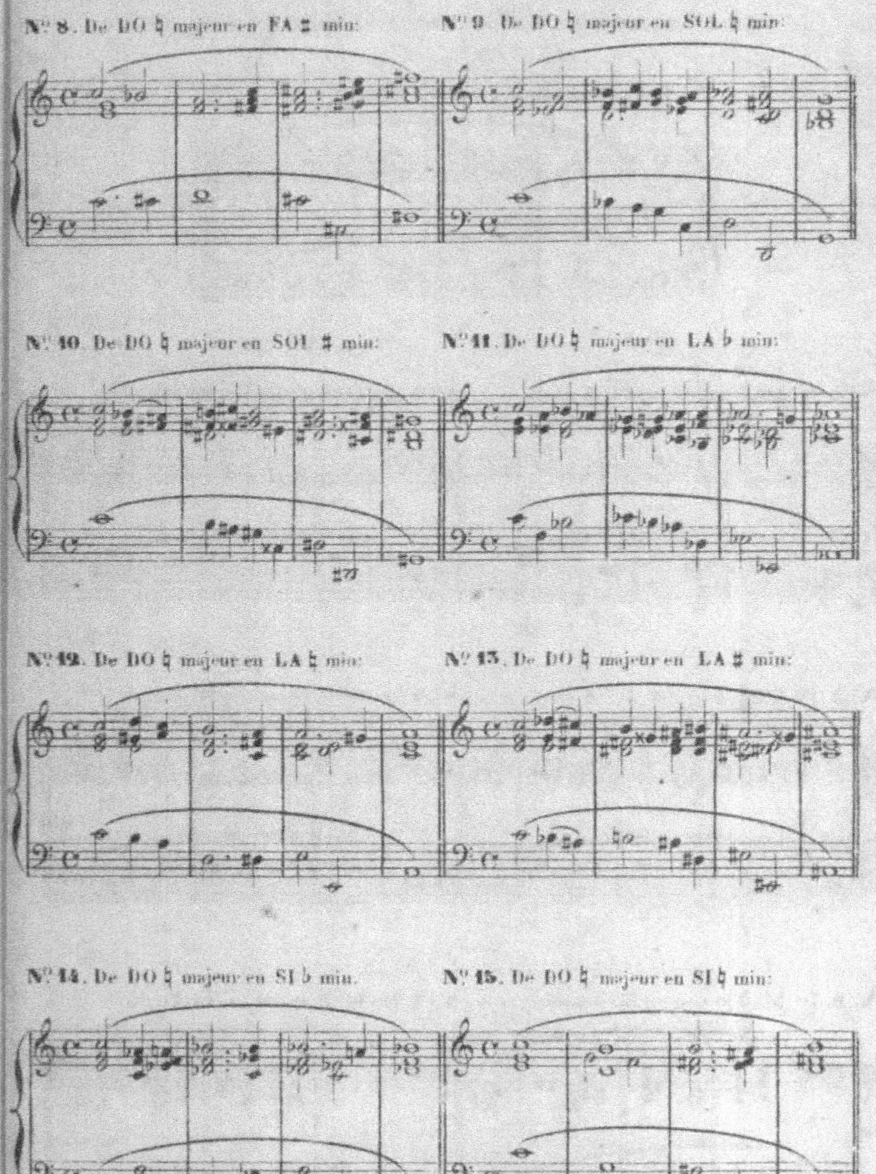

N°8. De DO ♮ majeur en FA ♯ min:
N°9. De DO ♮ majeur en SOL ♭ min:
N°10. De DO ♮ majeur en SOL ♯ min:
N°11. De DO ♮ majeur en LA ♭ min:
N°12. De DO ♮ majeur en LA ♮ min:
N°13. De DO ♮ majeur en LA ♯ min:
N°14. De DO ♮ majeur en SI ♭ min:
N°15. De DO ♮ majeur en SI ♮ min:

MODULATIONS

DE DO ♮ MINEUR DANS TOUS LES AUTRES TONS MINEURS.

N.º 1. De DO ♮ mineur en DO ♯ min:

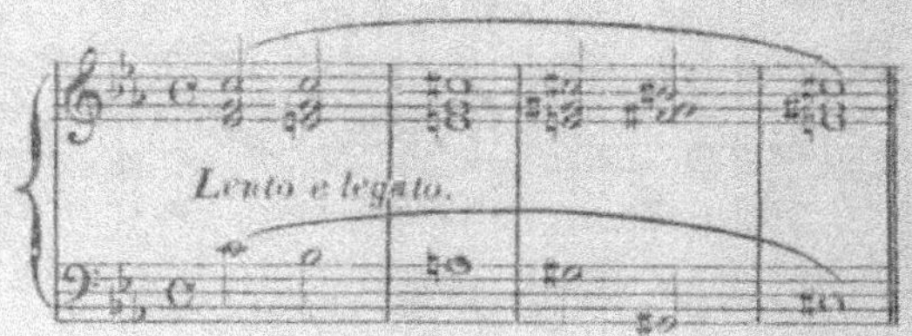

N.º 2. De DO ♮ mineur en RÉ ♭ min:　　　　N.º 3. De DO ♮ mineur en RÉ ♯ min:

N.º 4. De DO ♮ mineur en MI ♭ min:　　　　N.º 5. De DO ♮ mineur en MI ♮ min:

N.º 6. De DO ♮ mineur en FA ♮ min:　　　　N.º 7. De DO ♮ mineur en FA ♯ min:

Nº 8. De DO ♮ mineur en SOL ♭ min: Nº 9. De DO ♮ mineur en SOL ♯ min:

Nº 10. De DO ♮ mineur en LA ♭ min: Nº 11. De DO ♮ mineur en LA ♮ min:

Nº 12. De DO ♮ mineur en LA ♯ min: Nº 13. De DO ♮ mineur en SI ♭ min:

Nº 14. De DO ♮ mineur en SI ♮ min:

MODULATIONS

DE DO ♮ MINEUR DANS TOUS LES AUTRES TONS MAJEURS.

N.º 1. De DO ♮ mineur en DO ♮ maj.

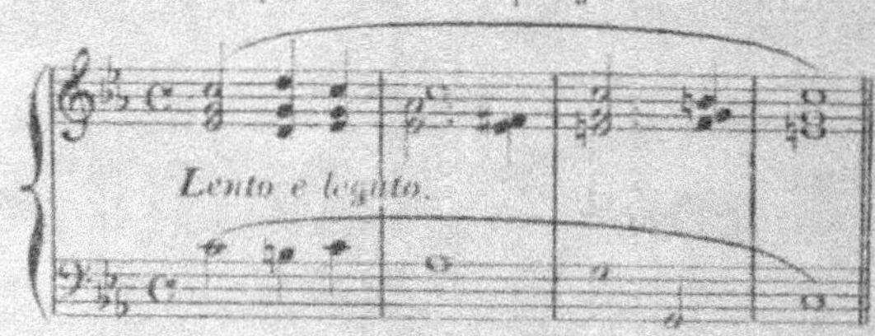

N.º 2. De DO ♮ mineur en DO ♯ maj.   N.º 3. De DO ♮ mineur en RÉ ♭ maj.

N.º 4. De DO ♮ mineur en RÉ ♮ maj.   N.º 5. De DO ♮ mineur en MI ♭ maj.

N.º 6. De DO ♮ mineur en MI ♮ maj.   N.º 7. De DO ♮ mineur en FA ♮ maj.

N.º 8 . De DO ♮ mineur en FA ♯ maj:
N.º 9 . De DO ♮ mineur en SOL ♮ maj:
N.º 10 . De DO ♮ mineur en SOL ♭ maj:
N.º 11 . De DO ♮ mineur en LA ♭ maj:
N.º 12 . De DO ♮ mineur en LA ♮ maj:
N.º 13 . De DO ♮ mineur en SI ♭ maj:
N.º 14 . De DO ♮ mineur en SI ♮ maj:
N.º 15 . De DO ♮ mineur en DO ♭ maj:

MODULATIONS

DE DO ♯ MAJEUR DANS TOUS LES AUTRES TONS MAJEURS.

N.º 1. De DO ♯ majeur en RÉ ♮ maj:

N.º 2. De DO ♯ majeur en MI ♭ maj: N.º 3. De DO ♯ majeur en MI ♮ maj:

N.º 4. De DO ♯ majeur en FA ♮ maj: N.º 5. De DO ♯ majeur en FA ♯ maj:

N.º 6. De DO ♯ majeur en SOL ♭ maj: N.º 7. De DO ♯ majeur en SOL ♮ maj:

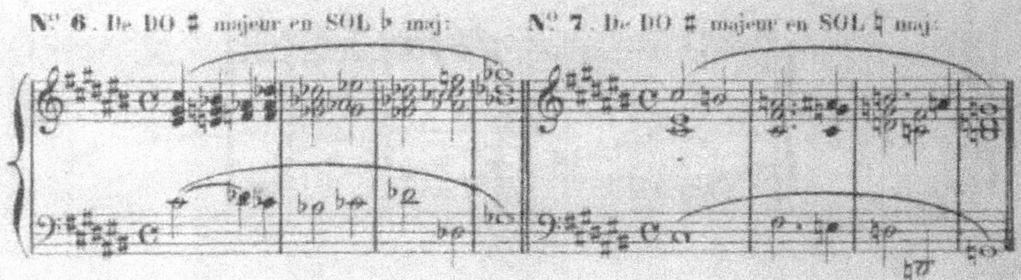

Nº 8. De DO ♯ majeur en LA ♭ maj.
Nº 9. De DO ♯ majeur en LA ♮ maj.
Nº 10. De DO ♯ majeur en SI ♭ maj.
Nº 11. De DO ♯ majeur en SI ♮ maj.
Nº 12. De DO ♯ majeur en DO ♭ maj.
Nº 13. De DO ♯ majeur en DO ♮ maj.
Nº 14. De DO ♯ majeur en RÉ ♭ maj.

MODULATIONS

DE DO♯ MAJEUR DANS TOUS LES AUTRES TONS MINEURS.

N.° 1. De DO ♯ majeur en DO ♯ min:

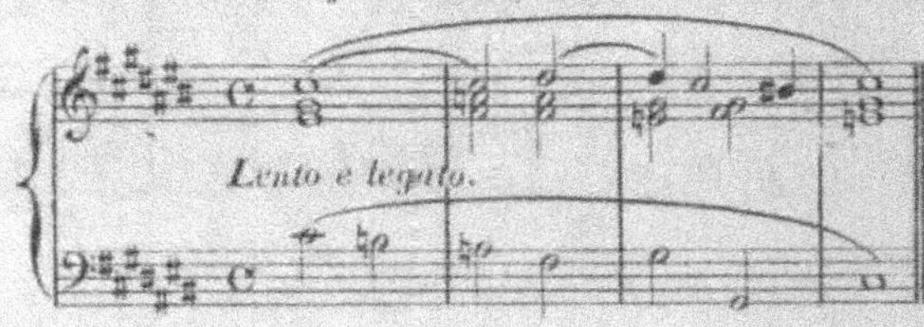

N.° 2. De DO ♯ majeur en RÉ ♮ min: N.° 3. De DO ♯ majeur en RÉ ♯ min:

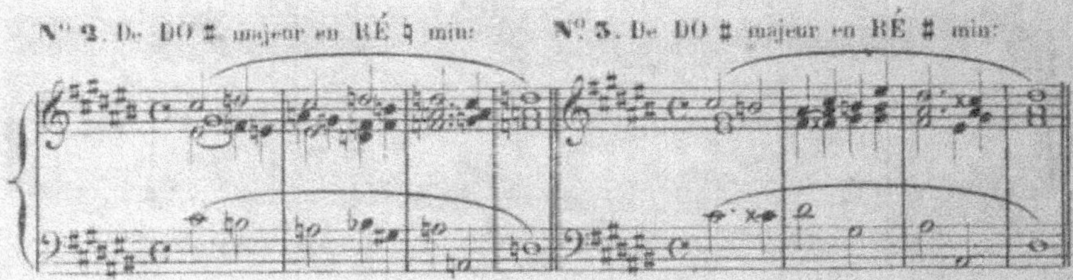

N.° 4. De DO ♯ majeur en MI♭ min: N.° 5. De DO ♯ majeur en MI ♮ min:

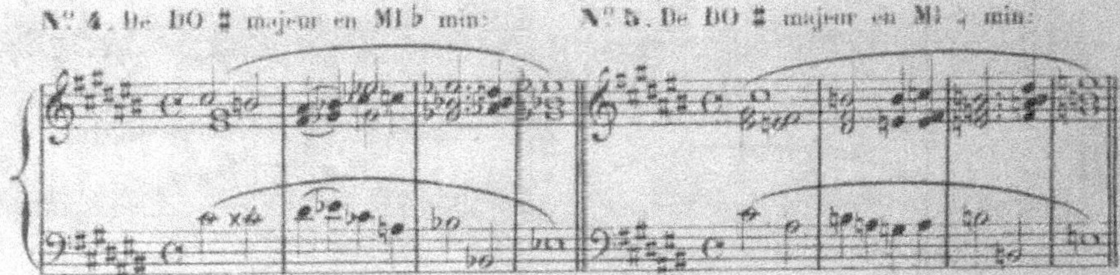

N.° 6 De DO ♯ majeur en FA ♮ min: N.° 7. De DO ♯ majeur en FA ♯ min:

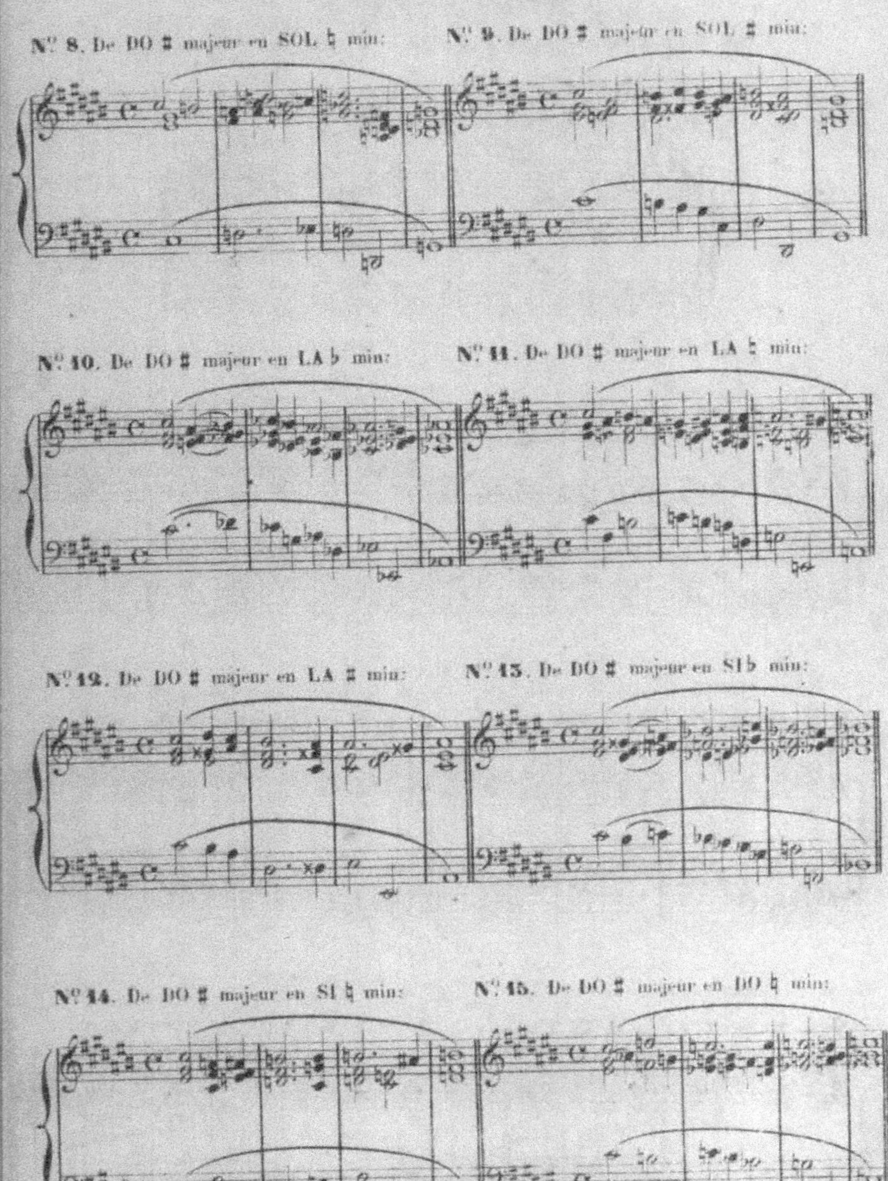
Nº 8. De DO # majeur en SOL ♮ min:
Nº 9. De DO # majeur en SOL # min:
Nº 10. De DO # majeur en LA ♭ min:
Nº 11. De DO # majeur en LA ♮ min:
Nº 12. De DO # majeur en LA # min:
Nº 13. De DO # majeur en SI ♭ min:
Nº 14. De DO # majeur en SI ♮ min:
Nº 15. De DO # majeur en DO ♮ min:

MODULATIONS

DE DO♯ MINEUR DANS TOUS LES AUTRES TONS MINEURS.

N.º 1. De DO ♯ mineur en RÉ ♮ min:

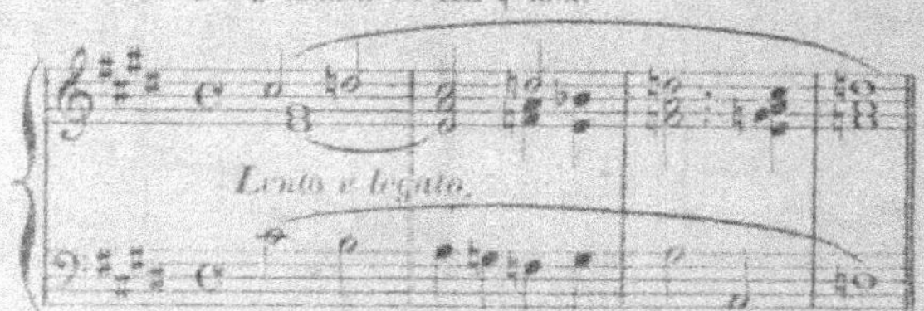

N.º 2. De DO ♯ mineur en RÉ ♯ min: N.º 3. De DO ♯ mineur en MI ♭ min:

N.º 4. De DO ♯ mineur en MI ♮ min: N.º 5. De DO ♯ mineur en FA ♮ min:

N.º 6. De DO ♯ mineur en FA ♯ min: N.º 7. De DO ♯ mineur en SOL ♮ min:

N.º 8 . De DO ♯ mineur en SOL ♯ min:
N.º 9 . De DO ♯ mineur en LA ♭ min:
N.º 10 . De DO ♯ mineur en LA ♯ min:
N.º 11 . De DO ♯ mineur en LA ♯ min:
N.º 12 . De DO ♯ mineur en SI ♭ min:
N.º 13 . De DO ♯ mineur en SI ♮ min:
N.º 14 . De DO ♯ mineur en DO ♮ min:

MODULATIONS

DE DO ♯ MINEUR DANS TOUS LES AUTRES TONS MAJEURS.

Nᵒ 1. De DO ♯ mineur en DO ♯ maj:

Nᵒ 2. De DO ♯ mineur en RÉ ♭ maj: Nᵒ 3. De DO ♯ mineur en RÉ ♮ maj:

Nᵒ 4. De DO ♯ mineur en MI ♭ maj: Nᵒ 5. De DO ♯ mineur en MI ♮ maj:

Nᵒ 6. De DO ♯ mineur en FA ♮ maj: Nᵒ 7. De DO ♯ mineur en FA ♯ maj:

Nº 8. De DO♯ mineur en SOL♭ maj:
Nº 9. De DO♯ mineur en SOL♮ maj:
Nº 10. De DO♯ mineur en LA♭ maj:
Nº 11. De DO♯ mineur en LA♮ maj:
Nº 12. De DO♯ mineur en SI♭ maj:
Nº 13. De DO♯ mineur en SI♮ maj:
Nº 14. De DO♯ mineur en DO♭ maj:
Nº 15. De DO♯ mineur en DO♮ maj:

MODULATIONS.

DE RÉ ♭ MAJEUR DANS TOUS LES AUTRES TONS MAJEURS.

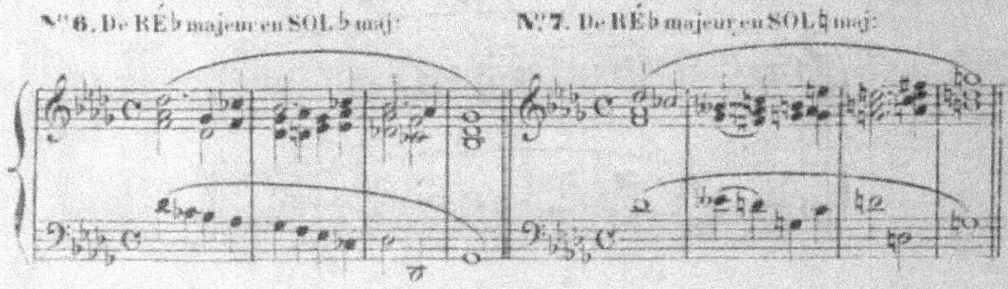

Nº 8. De RÉ♭ majeur en LA♭ maj: Nº 9. De RÉ♭ majeur en LA♮ maj:

Nº 10. De RÉ♭ majeur en SI♭ maj: Nº 11. De RÉ♭ majeur en SI♮ maj:

Nº 12. De RÉ♭ majeur en DO♭ maj: Nº 13. De RÉ♭ majeur en DO♮ maj:

Nº 14. De RÉ♭ majeur en DO♯ maj:

MODULATIONS

DE RÉ♭ MAJEUR DANS TOUS LES AUTRES TONS MINEURS.

N.º 1. De RÉ♭ majeur en RÉ♮ min:

N.º 2. De RÉ♭ majeur en RÉ♮ min: N.º 3. De RÉ♭ majeur en MI♭ min:

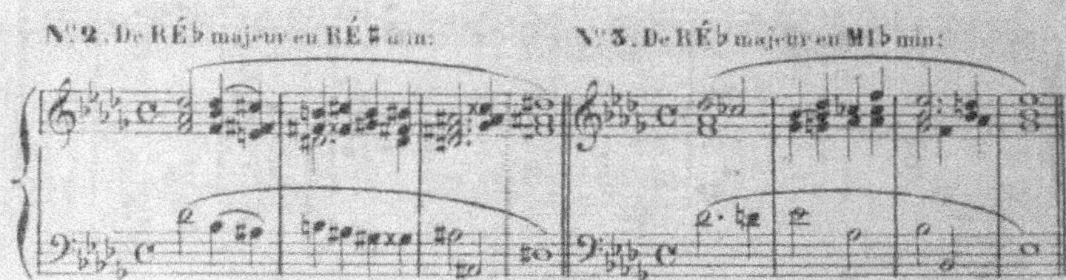

N.º 4. De RÉ♭ majeur en MI♮ min: N.º 5. De RÉ♭ majeur en FA♮ min:

N.º 6. De RÉ♭ majeur en FA♯ min: N.º 7. De RÉ♭ majeur en SOL♮ min:

N.º 8. De RÉb majeur en SOL# min:
N.º 9. De RÉb majeur en LAb min:
N.º 10. De RÉb majeur en LA♮ min:
N.º 11. De RÉb majeur en LA# min:
N.º 12. De RÉb majeur en SIb min:
N.º 13. De RÉb majeur en SI♮ min:
N.º 14. De RÉb majeur en DO♮ min:
N.º 15. De RÉb majeur en DO# min:

MODULATIONS

DE RÉ ♮ MAJEUR DANS TOUS LES AUTRES TONS MAJEURS.

N.º 1. De RÉ ♮ majeur en MI ♭ maj:

N.º 2. De RÉ ♮ majeur en MI ♭ maj:

N.º 3. De RÉ ♮ majeur en FA ♮ maj:

N.º 4. De RÉ ♮ majeur en FA # maj:

N.º 5. De RÉ ♮ majeur en SOL ♭ maj:

N.º 6. De RÉ ♮ majeur en SOL ♮ maj:

N.º 7. De RÉ ♮ majeur en LA ♭ maj:

N.º 8. De RÉ♮ majeur en LA♮ maj:
N.º 9. De RÉ♮ majeur en SI♭ maj:
N.º 10. De RÉ♮ majeur en SI♮ maj:
N.º 11. De RÉ♮ majeur en DO♭ maj:
N.º 12. De RÉ♮ majeur en DO♮ maj:
N.º 13. De RÉ♮ majeur en DO♯ maj:
N.º 14. De RÉ♮ majeur en RÉ♭ maj:

MODULATIONS
DE RÉ ♮ MAJEUR DANS TOUS LES AUTRES TONS MINEURS.

Nᵒ 1. De RÉ ♮ majeur en RÉ ♮ min:

Nᵒ 2. De RÉ ♮ majeur en RÉ ♯ min: Nᵒ 3. De RÉ ♮ majeur en MI ♭ min:

Nᵒ 4. De RÉ ♮ majeur en MI ♮ min: Nᵒ 5. De RÉ ♮ majeur en FA ♮ min:

Nᵒ 6. De RÉ ♮ majeur en FA ♯ min: Nᵒ 7. De RÉ ♮ majeur en SOL ♮ min:

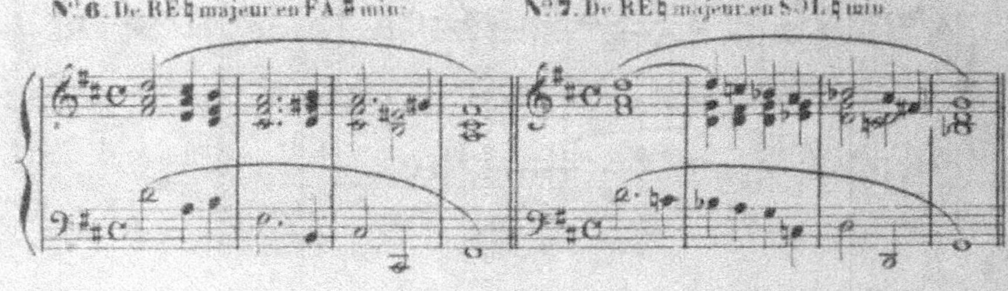

N.º 8. De RÉ ♮ majeur en SOL ♯ min:
N.º 9. De RÉ ♮ majeur en LA ♭ min:
N.º 10. De RÉ ♮ majeur en LA ♮ min:
N.º 11. De RÉ ♮ majeur en LA ♯ min:
N.º 12. De RÉ ♮ majeur en SI ♭ min:
N.º 13. De RÉ ♮ majeur en SI ♮ min:
N.º 14. De RÉ ♮ majeur en DO ♮ min:
N.º 15. De RÉ ♮ majeur en DO ♯ min:

MODULATIONS

DE RÉ ♮ MINEUR DANS TOUS LES AUTRES TONS MINEURS.

N.º 1. De RÉ ♮ mineur en RÉ ♯ min:

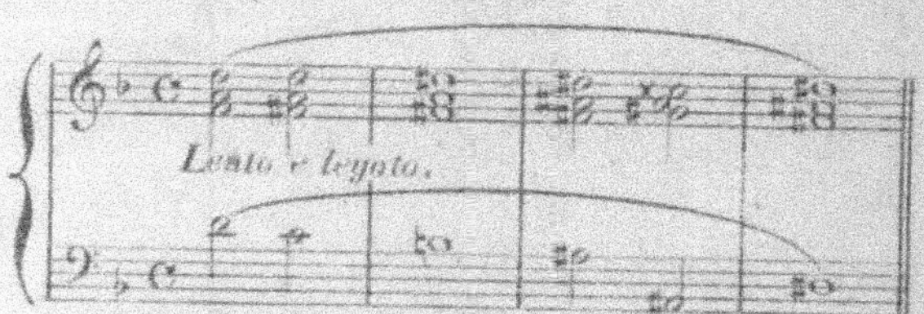

N.º 2. De RÉ ♮ mineur en MI♭ min: N.º 3. De RÉ ♮ mineur en MI ♮ min:

N.º 4. De RÉ ♮ mineur en FA ♮ min: N.º 5. De RÉ ♮ mineur en FA ♯ min:

N.º 6. De RÉ ♮ mineur en SOL ♮ min: N.º 7. De RÉ ♮ mineur en SOL ♯ min:

N.º 8. RÉ♮ mineur en LA♭ min:
N.º 9. RÉ♮ mineur en LA♮ min:
N.º 10. RÉ♮ mineur en LA♯ min:
N.º 11. RÉ♮ mineur en SI♭ min:
N.º 12. RÉ♮ mineur en SI♮ min:
N.º 13. RÉ♮ mineur en DO♮ min:
N.º 14. RÉ♮ mineur en DO♯ min:

MODULATIONS

DE RÉ ♮ MINEUR DANS TOUS LES AUTRES TONS MAJEURS.

N.º 1. De RÉ ♮ mineur en RÉ ♮ maj:

N.º 2. De RÉ ♮ mineur en MI ♭ maj: N.º 3. De RÉ ♮ mineur en MI ♭ maj:

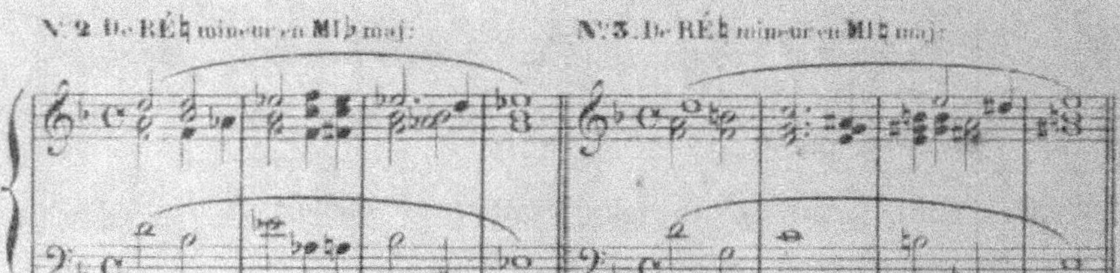

N.º 4. De RÉ ♮ mineur en FA ♮ maj: N.º 5. De RÉ ♮ mineur en FA ♯ maj:

N.º 6. De RÉ ♮ mineur en SOL ♭ maj: N.º 7. De RÉ ♮ mineur en SOL ♮ maj:

N° 8. De RÉ♮ mineur en LA♭ maj:
N° 9. De RÉ♮ mineur en LA♮ maj:
N° 10. De RÉ♮ mineur en SI♭ maj:
N° 11. De RÉ♮ mineur en SI♮ maj:
N° 12. De RÉ♮ mineur en DO♭ maj:
N° 13. De RÉ♮ mineur en DO♮ maj:
N° 14. De RÉ♮ mineur en DO♯ maj:
N° 15. De RÉ♮ mineur en RÉ♭ maj:

MODULATIONS

DE RÉ♯ MINEUR DANS TOUS LES AUTRES TONS MINEURS.

N.º 1. De RÉ♯ mineur en MI♭ min:

N.º 2. De RÉ♯ mineur en MI♭ min:

N.º 3. De RÉ♯ mineur en FA♮ min:

N.º 4. De RÉ♯ mineur en FA♯ min:

N.º 5. De RÉ♯ mineur en SOL♭ min:

N.º 6. De RÉ♯ mineur en SOL♯ min:

N.º 7. De RÉ♯ mineur en LA♭ min:

Nº 8. De RÉ♯ mineur en LA♮ min: Nº 9. De RÉ♯ mineur en LA♯ min:

Nº 10. De RÉ♯ mineur en SI♭ min: Nº 11. De RÉ♯ mineur en SI♮ min:

Nº 12. De RÉ♯ mineur en DO♮ min: Nº 13. De RÉ♯ mineur en DO♯ min:

Nº 14. De RÉ♯ mineur en RÉ♮ min:

MODULATIONS

DE RÉ ♯ MINEUR DANS TOUS LES AUTRES TONS MAJEURS.

N.º 1. De RÉ ♯ mineur en MI ♭ maj:

N.º 2. De RÉ ♯ mineur en MI ♮ maj:

N.º 3. De RÉ ♯ mineur en FA ♮ maj:

N.º 4. De RÉ ♯ mineur en FA ♯ maj:

N.º 5. De RÉ ♯ mineur en SOL ♭ maj:

N.º 6. De RÉ ♯ mineur en SOL ♮ maj:

N.º 7. De RÉ ♯ mineur en LA ♭ maj:

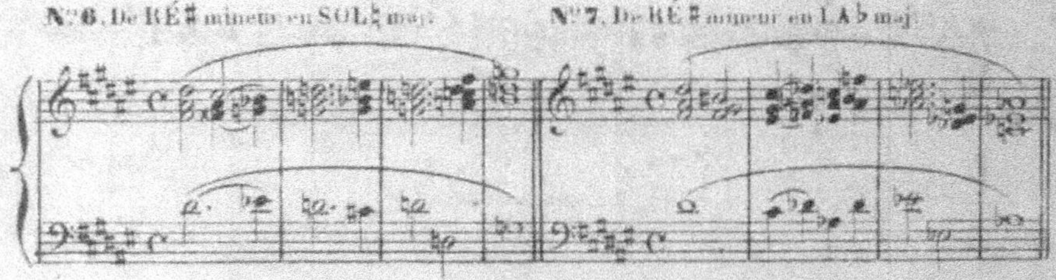

Nᵒ8. De RÉ♯ mineur en LA♮ maj: Nᵒ9. De RÉ♯ mineur en SI♭ maj:

Nᵒ10. De RÉ♯ mineur en SI♮ maj: Nᵒ11. De RÉ♯ mineur en DO♭ maj:

Nᵒ12. De RÉ♯ mineur en DO♮ maj: Nᵒ13. De RÉ♯ mineur en DO♯ maj:

Nᵒ14. De RÉ♯ mineur en RÉ♭ maj: Nᵒ15. De RÉ♯ mineur en RÉ♮ maj:

16 R.

MODULATIONS

DE MI♭ MAJEUR DANS TOUS LES AUTRES TONS MAJEURS.

N.º 8. De MI♭ majeur en SI♭ maj:
N.º 9. De MI♭ majeur en SI♮ maj:
N.º 10. De MI♭ majeur en DO♭ maj:
N.º 11. De MI♭ majeur en DO♮ maj:
N.º 12. De MI♭ majeur en DO♯ maj:
N.º 13. De MI♭ majeur en RÉ♭ maj:
N.º 14. De MI♭ majeur en RÉ♮ maj:

MODULATIONS

DE MIb MAJEUR DANS TOUS LES AUTRES TONS MINEURS.

Nᵒ 1. De MIb majeur en MIb min:

Nᵒ 2. De MIb majeur en MI♮ min: Nᵒ 3. De MIb majeur en FA♮ min:

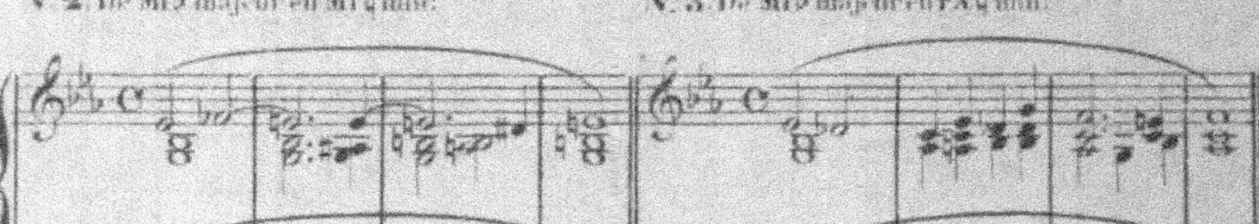

Nᵒ 4. De MIb majeur en FA♯ min: Nᵒ 5. De MIb majeur en SOL♮ min:

Nᵒ 6. De MIb majeur en SOL♯ min: Nᵒ 7. De MIb majeur en LA♭ min:

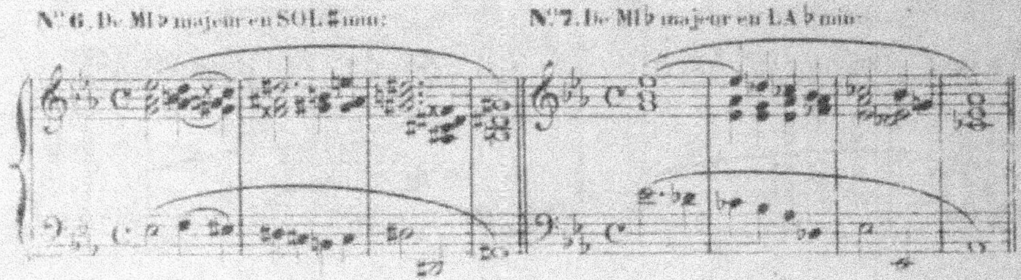

N°8. De Mib majeur en LA ♮ min:
N°9. De Mib majeur en LA # min:
N°10. De Mib majeur en SIb min:
N°11. De Mib majeur en SI ♮ min:
N°12. De Mib majeur en DO ♮ min:
N°13. De Mib majeur en DO # min:
N°14. De Mib majeur en RÉ ♮ min:
N°15. De Mib majeur en RÉ # min:

MODULATIONS

DE MI♭ MINEUR DANS TOUS LES AUTRES TONS MINEURS.

N.º 1. De MI♭ mineur en MI♮ min:

N.º 2. De MI♭ mineur en FA♮ min: N.º 3. De MI♭ mineur en FA♯ min:

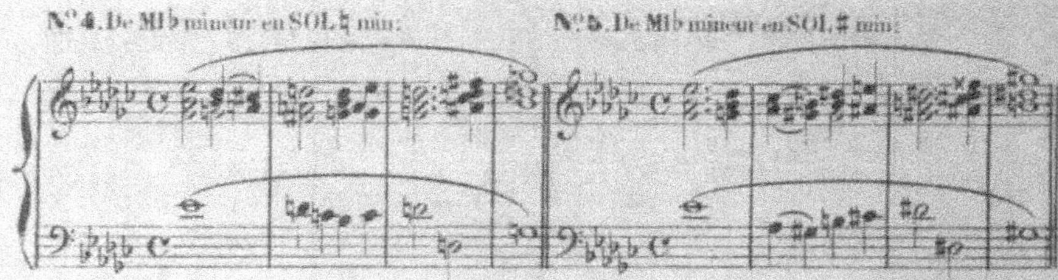

N.º 4. De MI♭ mineur en SOL♮ min: N.º 5. De MI♭ mineur en SOL♯ min:

N.º 6. De MI♭ mineur en LA♭ min: N.º 7. De MI♭ mineur en LA♮ min:

Nᵒ 8. De Mi♭ mineur en LA ♯ min:
Nᵒ 9. De Mi♭ mineur en SI ♭ min:
Nᵒ 10. De Mi♭ mineur en SI ♮ min:
Nᵒ 11. De Mi♭ mineur en DO ♮ min:
Nᵒ 12. De Mi♭ mineur en DO ♯ min:
Nᵒ 13. De Mi♭ mineur en RÉ ♮ min:
Nᵒ 14. De Mi♭ mineur en RÉ ♯ min:

MODULATIONS

DE MI♭ MINEUR DANS TOUS LES AUTRES TONS MAJEURS.

N.º 1. De Mi♭ mineur en Mi♭ maj:

N.º 2. De Mi♭ mineur en Mi♮ maj: N.º 3. De Mi♭ mineur en FA♮ maj:

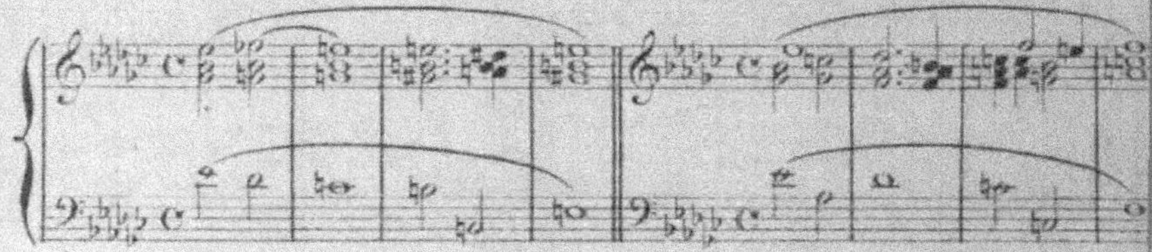

N.º 4. De Mi♭ mineur en FA♯ maj: N.º 5. De Mi♭ mineur en SOL♭ maj:

N.º 6. De Mi♭ mineur en SOL♮ maj: N.º 7. De Mi♭ mineur en LA♭ maj:

Nº 8. De MI ♭ mineur en LA ♮ maj:
Nº 9. De MI ♭ mineur en SI ♭ maj: 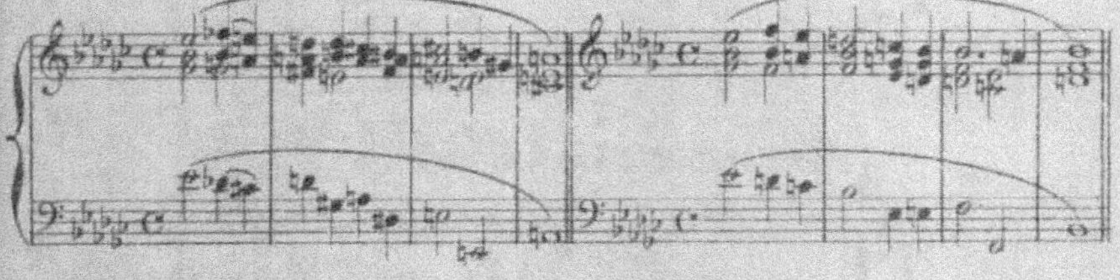
Nº 10. De MI ♭ mineur en SI ♮ maj:
Nº 11. De MI ♭ mineur en DO ♭ maj: 
Nº 12. De MI ♭ mineur en DO ♮ maj:
Nº 13. De MI ♭ mineur en DO ♯ maj: 
Nº 14. De MI ♭ mineur en RÉ ♭ maj:
Nº 15. De MI ♭ mineur en RÉ ♮ maj:

MODULATIONS

DE MI♭ ♮ MAJEUR DANS TOUS LES AUTRES TONS MAJEURS.

Nº 1. De MI ♮ majeur en FA ♮ maj:

Nº 2. De MI ♮ majeur en FA ♯ maj: Nº 3. De MI ♮ majeur en SOL ♭ maj:

Nº 4. De MI ♮ majeur en SOL ♮ maj: Nº 5. De MI ♮ majeur en LA ♭ maj:

Nº 6. De MI ♮ majeur en LA ♮ maj: Nº 7. De MI ♮ majeur en SI ♭ maj:

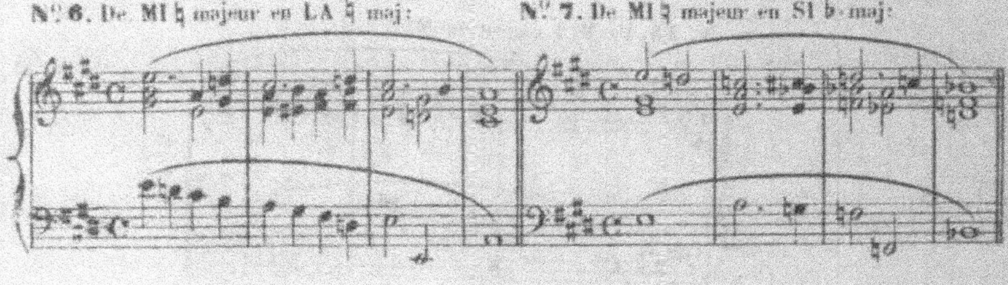

N° 8. De MI♮ majeur en SI♭ maj: N° 9. De MI♮ majeur en DO♭ maj:

N° 10. De MI♮ majeur en DO♮ maj: N° 11. De MI♮ majeur en DO♯ maj:

N° 12. De MI♮ majeur en RÉ♭ maj: N° 13. De MI♮ majeur en RÉ♮ maj:

N° 14. De MI♮ majeur en MI♭ maj:

MODULATIONS

DE MI ♮ MAJEUR DANS TOUS LES AUTRES TONS MINEURS.

N.° 1. De MI ♮ majeur en MI ♮ min:

N.° 2. De MI ♮ majeur en FA ♮ min: N.° 3. De MI ♮ majeur en FA ♯ min:

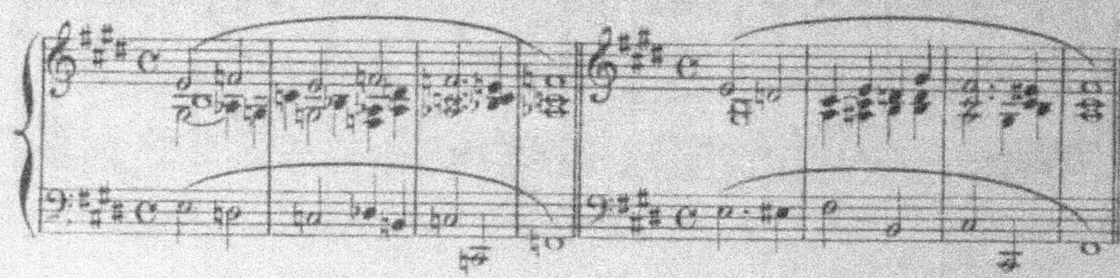

N.° 4. De MI ♮ majeur en SOL ♮ min: N.° 5. De MI ♮ majeur en SOL ♯ min:

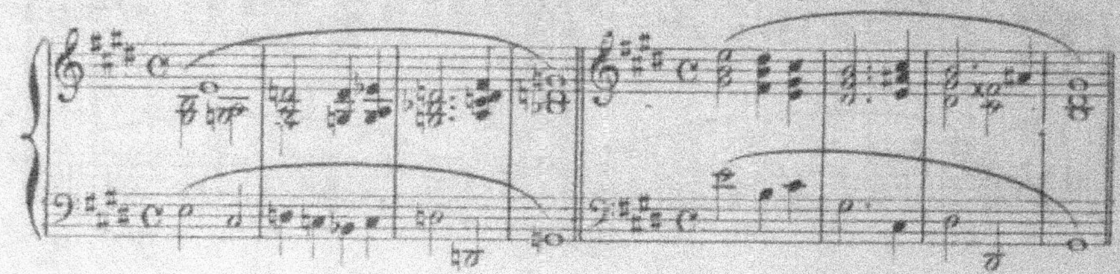

N.° 6. De MI ♮ majeur en LA ♭ min: N.° 7. De MI ♮ majeur en LA ♮ min:

N.º 8. De MI♮ majeur en LA♯ min:
N.º 9. De MI♮ majeur en SI♭ min:
N.º 10. De MI♮ majeur en SI♮ min:
N.º 11. De MI♮ majeur en DO♮ min:
N.º 12. De MI♮ majeur en DO♯ min:
N.º 13. De MI♮ majeur en RÉ♮ min:
N.º 14. De MI♮ majeur en RÉ♯ min:
N.º 15. De MI♮ majeur en MI♭ min:

MODULATIONS
DE MI ♮ MINEUR DANS TOUS LES AUTRES TONS MINEURS.

N.º 1. De MI ♮ mineur en FA ♮ min:

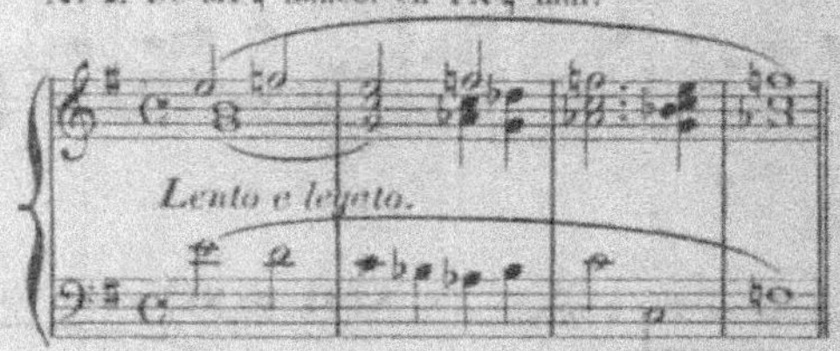

N.º 2. De MI ♮ mineur en FA ♯ min: N.º 3. De MI ♮ mineur en SOL ♮ min:

N.º 4. De MI ♮ mineur en SOL ♯ min: N.º 5. De MI ♮ mineur en LA ♭ min:

N.º 6. De MI ♮ mineur en LA ♮ min: N.º 7. De MI ♮ mineur en LA ♯ min:

N.° 8. De MI♮ mineur en SI♭ min: N.° 9. De MI♮ mineur en SI♮ min:

N.° 10. De MI♮ mineur en DO♭ min:  N.° 11. De MI♮ mineur en DO♯ min:

N.° 12. De MI♮ mineur en RÉ♭ min:  N.° 13. De MI♮ mineur en RÉ♯ min:

N.° 14. De MI♮ mineur en MI♭ min:

MODULATIONS

DE MI ♮ MINEUR DANS TOUS LES AUTRES TONS MAJEURS.

Nº 1. De MI ♮ mineur en MI ♮ maj:

Nº 2. De MI ♮ mineur en FA ♮ maj: Nº 3. De MI ♮ mineur en FA ♯ maj:

Nº 4. De MI ♮ mineur en SOL ♭ maj: Nº 5. De MI ♮ mineur en SOL ♮ maj:

Nº 6. De MI ♮ mineur en LA ♭ maj: Nº 7. De MI ♮ mineur en LA ♮ maj:

N.º 8. De MI ♮ mineur en SI ♭ maj:
N.º 9. De MI ♮ mineur en SI ♮ maj:
N.º 10. De MI ♮ mineur en DO ♭ maj:
N.º 11. De MI ♮ mineur en DO ♮ maj:
N.º 12. De MI ♮ mineur en DO ♯ maj:
N.º 13. De MI ♮ mineur en RÉ ♭ maj:
N.º 14. De MI ♮ mineur en RÉ ♮ maj:
N.º 15. De MI ♮ mineur en MI ♭ maj:

MODULATIONS
DE FA ♮ MAJEUR DANS TOUS LES AUTRES TONS MAJEURS.

N? 1. De FA ♮ majeur en FA ♯ maj:

N? 2. De FA ♮ majeur en SOL ♭ maj: N? 3. De FA ♮ majeur en SOL ♮ maj:

N? 4. De FA ♮ majeur en LA ♭ maj: N? 5. De FA ♮ majeur en LA ♮ maj:

N? 6. De FA ♮ majeur en SI ♭ maj: N? 7. De FA ♮ majeur en SI ♮ maj:

N? 8. De FA ♮ majeur en DO ♭ maj:
N? 9. De FA ♮ majeur en DO ♮ maj:
N? 10. De FA ♮ majeur en DO ♯ maj:
N? 11. De FA ♮ majeur en RÉ ♭ maj:
N? 12. De FA ♮ majeur en RÉ ♮ maj:
N? 13. De FA ♮ majeur en MI ♭ maj:
N? 14. De FA ♮ majeur en MI ♭ maj:

MODULATIONS

DE FA ♮ MAJEUR DANS TOUS LES AUTRES TONS MINEURS.

N.º 1. De FA ♮ majeur en FA ♮ min:

N.º 2. De FA ♮ majeur en FA ♯ min: N.º 3. De FA ♮ majeur en SOL ♮ min:

N.º 4. De FA ♮ majeur en SOL ♯ min: N.º 5. De FA ♮ majeur en LA ♭ min:

N.º 6. De FA ♮ majeur en LA ♮ min: N.º 7. De FA ♮ majeur en LA ♯ min:

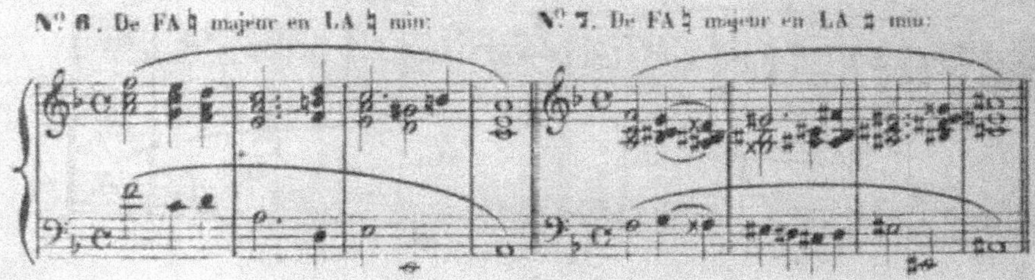

Nº 8. De FA ♮ majeur en SI ♭ min:
Nº 9. De FA ♮ majeur en SI ♮ min:
Nº 10. De FA ♭ majeur en DO ♮ min:
Nº 11. De FA ♮ majeur en DO ♯ min:
Nº 12. De FA ♭ majeur en RÉ ♮ min:
Nº 13. De FA ♮ majeur en RÉ ♯ min:
Nº 14. De FA majeur en MI ♭ min:
Nº 15. De FA ♮ majeur en MI ♮ min:

MODULATIONS

DE FA ♮ MINEUR DANS TOUS LES AUTRES TONS MINEURS.

Nº 1. De FA ♮ mineur en FA ♯ min:

Nº 2. De FA ♮ mineur en SOL ♮ min: Nº 3. De FA ♮ mineur en SOL ♯ min:

Nº 4. De FA ♮ mineur en LA ♭ min: Nº 5. De FA ♮ mineur en LA ♮ min:

Nº 6. De FA ♮ mineur en LA ♯ min: Nº 7. De FA ♮ mineur en SI ♭ min:

N° 8. De FA♮ mineur en SI♮ min: N° 9. De FA♮ mineur en DO♮ min:

N° 10. De FA♮ mineur en DO♯ min:    N° 11. De FA♮ mineur en RÉ♮ min:

N° 12. De FA♮ mineur en RÉ♯ min:    N° 13. De FA♮ mineur en MI♭ min:

N° 14. De FA♮ mineur en MI♮ min:

MODULATIONS

DE FA ♮ MINEUR DANS TOUS LES AUTRES TONS MAJEURS.

N.º 1. De FA ♮ mineur en FA ♮ maj.

N.º 2. De FA ♮ mineur en FA ♯ maj.   N.º 3. De FA ♮ mineur en SOL ♭ maj.

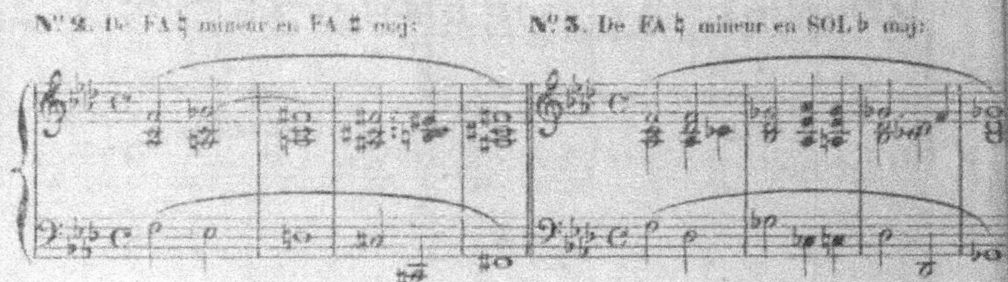

N.º 4. De FA ♮ mineur en SOL ♮ maj.   N.º 5. De FA ♮ mineur en LA ♭ maj.

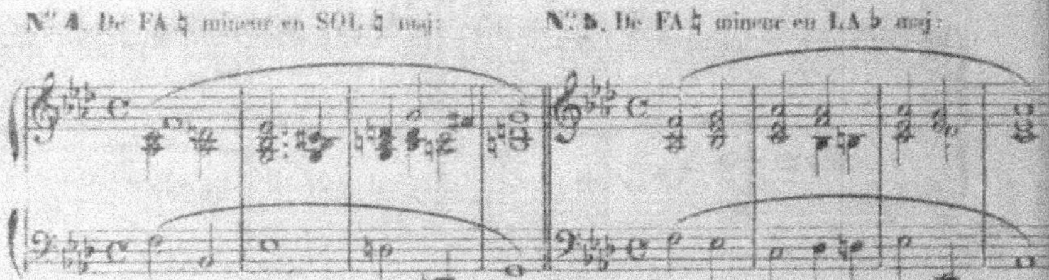

N.º 6. De FA ♮ mineur en LA ♮ maj.   N.º 7. De FA ♮ mineur en SI ♭ maj.

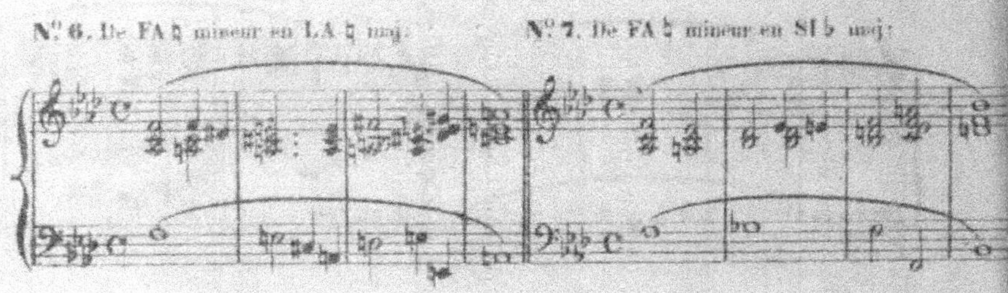

Nº 8. De FA ♮ mineur en SI ♮ maj: Nº 9. De FA ♮ mineur en DO♭ maj:

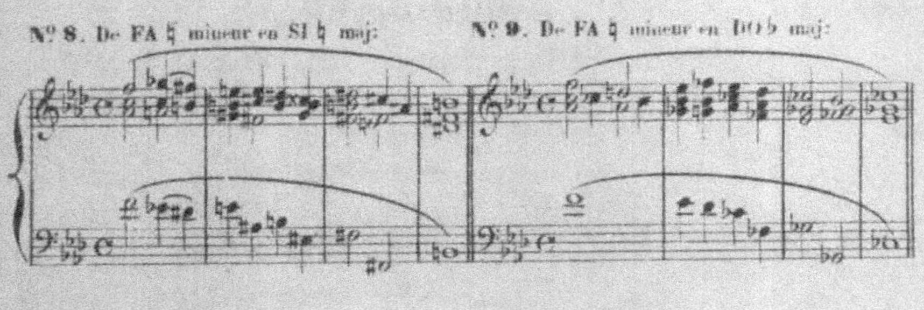

Nº 10. De FA ♮ mineur en DO ♮ maj: Nº 11. De FA ♮ mineur en DO ♯ maj:

Nº 12. De FA ♮ mineur en RÉ♭ maj: Nº 13. De FA ♮ mineur en RÉ ♮ maj:

Nº 14. De FA ♮ mineur en MI♭ maj: Nº 15. De FA ♮ mineur en MI ♮ maj:

MODULATIONS

DE FA ♯ MAJEUR DANS TOUS LES AUTRES TONS MAJEURS

N.º 1. De FA ♯ majeur en SOL ♭ maj:

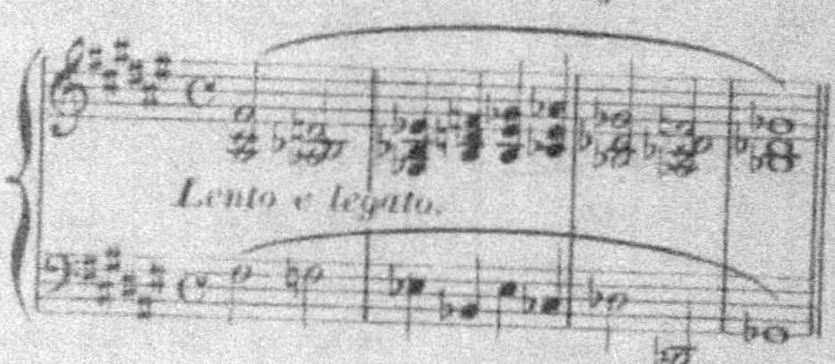

N.º 2. De FA ♯ majeur en SOL ♭ maj: N.º 3. De FA ♯ majeur en LA ♭ maj:

N.º 4. De FA ♯ majeur en LA ♮ maj: N.º 5. De FA ♯ majeur en SI ♭ maj:

N.º 6. De FA ♯ majeur en SI ♮ maj: N.º 7. De FA ♯ majeur en DO ♭ maj:

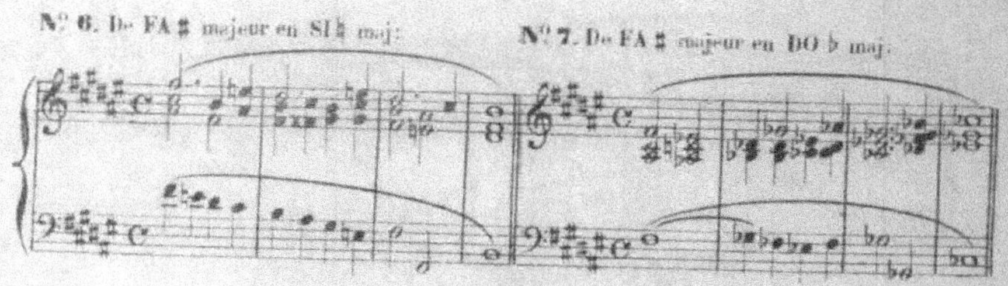

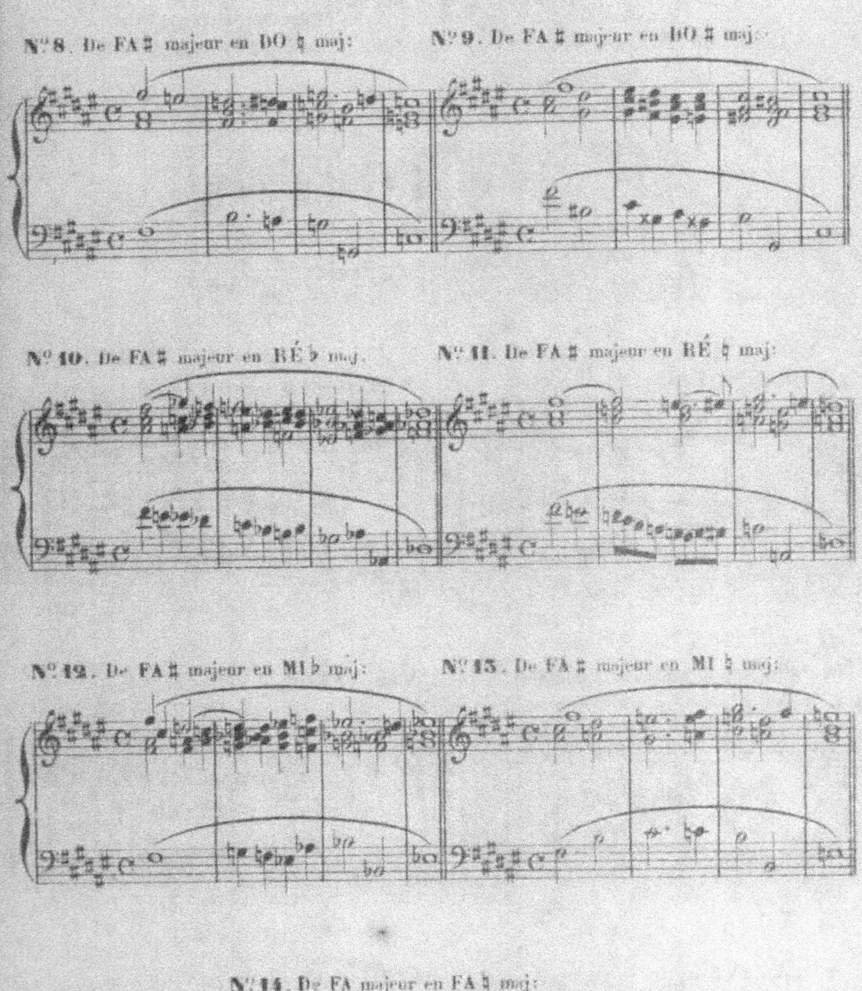
Nº 8. De FA ♯ majeur en DO ♮ maj:
Nº 9. De FA ♯ majeur en DO ♯ majeur
Nº 10. De FA ♯ majeur en RÉ ♭ maj.
Nº 11. De FA ♯ majeur en RÉ ♮ maj:
Nº 12. De FA ♯ majeur en MI ♭ maj:
Nº 13. De FA ♯ majeur en MI ♮ maj:
Nº 14. De FA majeur en FA ♮ maj:

MODULATIONS
DE FA ♯ MAJEUR DANS TOUS LES AUTRES TONS MINEURS.

N.º 1. De FA ♯ majeur en FA ♯ min:

N.º 2. De FA ♯ majeur en SOL ♮ min: N.º 3. De FA ♯ majeur en SOL ♯ min:

N.º 4. De FA ♯ majeur en LA ♭ min: N.º 5. De FA ♯ majeur en LA ♮ min:

N.º 6. De FA ♯ majeur en LA ♯ min: N.º 7. De FA ♯ majeur en SI ♭ min:

N.º 8. De FA♯ majeur en SI♮ min:
N.º 9. De FA♯ majeur en DO♮ min:
N.º 10. De FA♯ majeur en DO♯ min:
N.º 11. De FA♯ majeur en RÉ♭ min:
N.º 12. De FA♯ majeur en RÉ♯ min:
N.º 13. De FA♯ majeur en MI♭ min:
N.º 14. De FA♯ majeur en MI♮ min:
N.º 15. De FA♯ majeur en FA♮ min:

MODULATIONS

DE FA ♯ MINEUR DANS TOUS LES AUTRES TONS MINEURS.

N.º 1. De FA ♯ mineur en SOL ♮ min:

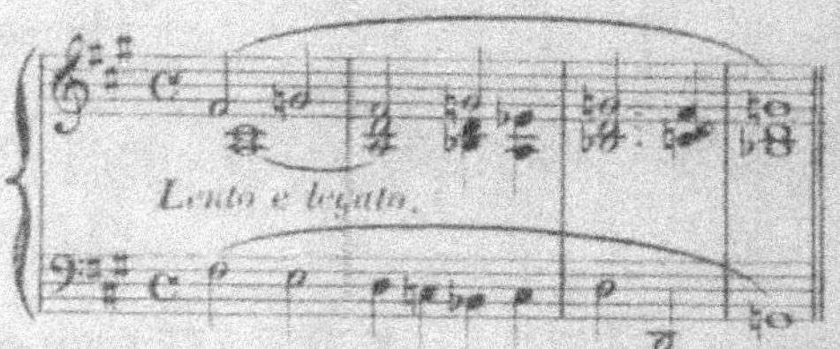

N.º 2. De FA ♯ mineur en SOL ♯ min: N.º 3. De FA ♯ mineur en LA ♭ min:

N.º 4. De FA ♯ mineur en LA ♮ min: N.º 5. De FA ♯ mineur en LA ♯ min:

N.º 6. De FA ♯ mineur en SI ♭ min: N.º 7. De FA ♯ mineur en SI ♮ min:

Nᵒ 8. De FA ♯ mineur en DO ♮ min:
Nᵒ 9. De FA ♯ mineur en DO ♯ min:
Nᵒ 10. De FA ♯ mineur en RÉ ♭ min:
Nᵒ 11. De FA ♯ mineur en RÉ ♯ min:
Nᵒ 12. De FA ♯ mineur en MI ♭ min:
Nᵒ 13. De FA ♯ mineur en MI ♮ min:
Nᵒ 14. De FA ♯ mineur en FA ♮ min:

MODULATIONS

DE FA ♯ MINEUR DANS TOUS LES AUTRES TONS MAJEURS.

N.º 1. De FA♯ mineur en FA♯ maj:

N.º 2. De FA♯ mineur en SOL♭ maj: N.º 3. De FA♯ mineur en SOL♮ maj:

N.º 4. De FA♯ mineur en LA♭ maj: N.º 5. De FA♯ mineur en LA♮ maj:

N.º 6. De FA♯ mineur en SI♭ maj: N.º 7. De FA♯ mineur en SI♮ maj:

Nº 8. De FA♯ mineur en DO ♭ maj:
Nº 9. De FA♯ mineur en DO ♮ maj:
Nº 10. De FA♯ mineur en DO ♯ maj:
Nº 11. De FA♯ mineur en RÉ ♭ maj:
Nº 12. De FA♯ mineur en RÉ ♮ maj:
Nº 13. De FA♯ mineur en MI ♭ maj:
Nº 14. De FA♯ mineur en MI ♮ maj:
Nº 15. De FA♯ mineur en FA ♮ maj:

MODULATIONS
DE SOL ♭ MAJEUR DANS TOUS LES AUTRES TONS MAJEURS.

Nᵒ 1. De SOL ♭ majeur en SOL ♮ maj:

Nᵒ 2. De SOL ♭ majeur en LA ♭ maj: Nᵒ 3. De SOL ♭ majeur en LA ♮ maj:

Nᵒ 4. De SOL ♭ majeur en SI ♭ maj: Nᵒ 5. De SOL ♭ majeur en SI ♮ maj:

Nᵒ 6. De SOL ♭ majeur en DO ♭ maj: Nᵒ 7. De SOL ♭ majeur en DO ♮ maj:

N.º 8. De SOL ♭ majeur en DO ♯ maj: N.º 9. De SOL ♭ majeur en RÉ ♭ maj:

N.º 10. De SOL ♭ majeur en RÉ ♮ maj: N.º 11. De SOL ♭ majeur en MI ♭ maj:

N.º 12. De SOL ♭ majeur en MI ♮ maj: N.º 13. De SOL ♭ majeur en FA ♮ maj:

N.º 14. De SOL ♭ majeur en FA ♯ maj:

MODULATIONS

DE SOL ♭ MAJEUR DANS TOUS LES AUTRES TONS MINEURS.

N.º 1. De SOL ♭ majeur en SOL ♮ min:

N.º 2. De SOL ♭ majeur en SOL ♯ min: N.º 3. De SOL ♭ majeur en LA ♭ min:

N.º 4. De SOL ♭ majeur en LA ♮ min: N.º 5. De SOL ♭ majeur en LA ♯ min:

N.º 6. De SOL ♭ majeur en SI ♭ min: N.º 7. De SOL ♭ majeur en SI ♮ min:

N.º 8. De SOL ♭ majeur en DO ♮ min:
N.º 9. De SOL ♭ majeur en DO ♯ min:
N.º 10. De SOL ♭ majeur en RÉ ♮ min:
N.º 11. De SOL ♭ majeur en RÉ ♯ min:
N.º 12. De SOL ♭ majeur en MI ♭ min:
N.º 13. De SOL ♭ majeur en MI ♮ min:
N.º 14. De SOL ♭ majeur en FA ♮ min:
N.º 15. De SOL ♭ majeur en FA ♯ min:

MODULATIONS

DE SOL ♮ MAJEUR DANS TOUS LES AUTRES TONS MAJEURS.

Nº 1. De SOL ♮ majeur en LA ♭ maj:

Nº 2. De SOL ♮ majeur en LA ♮ maj: Nº 3. De SOL ♮ majeur en SI ♭ maj:

Nº 4. De SOL ♮ majeur en SI ♮ maj: Nº 5. De SOL ♮ majeur en DO ♭ maj:

Nº 6. De SOL ♮ majeur en DO ♮ maj: Nº 7. De SOL ♮ majeur en DO ♯ maj:

N.º 8. De SOL ♮ majeur en RÉ ♭ maj:
N.º 9. De SOL ♮ majeur en RÉ ♮ maj:
N.º 10. De SOL ♮ majeur en MI ♭ maj:
N.º 11. De SOL ♮ majeur en MI ♮ maj:
N.º 12. De SOL ♮ majeur en FA ♮ maj:
N.º 13. De SOL ♮ majeur en FA ♯ maj:
N.º 14. De SOL ♮ majeur en SOL ♭ maj:

MODULATIONS
DE SOL ♮ MAJEUR DANS TOUS LES AUTRES TONS MINEURS.

N.º 1. De SOL ♮ majeur en SOL ♮ min:

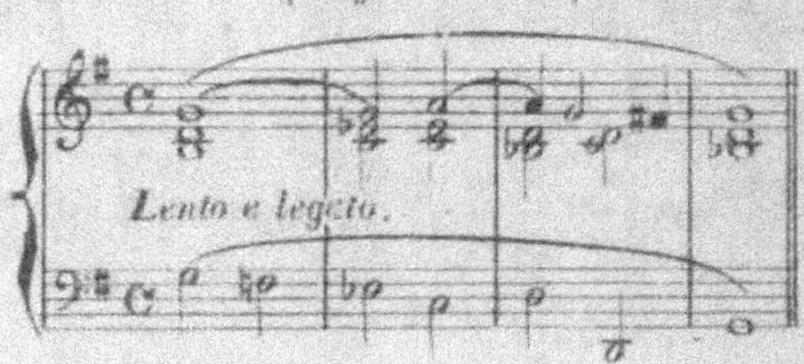

N.º 2. De SOL ♮ majeur en SOL ♯ min: N.º 3. De SOL ♮ majeur en LA ♭ min:

N.º 4. De SOL ♮ majeur en LA ♮ min: N.º 5. De SOL ♮ majeur en LA ♯ min:

N.º 6. De SOL ♮ majeur en SI ♭ min: N.º 7. De SOL ♮ majeur en SI ♮ min:

Nᵒ 8. De SOL ♮ majeur en DO ♮ min:
Nᵒ 9. De SOL ♮ majeur en DO ♯ min:
Nᵒ 10. De SOL ♮ majeur en RÉ ♭ min:
Nᵒ 11. De SOL ♮ majeur en RÉ ♯ min:
Nᵒ 12. De SOL ♮ majeur en MI ♭ min:
Nᵒ 13. De SOL ♮ majeur en MI ♮ min:
Nᵒ 14. De SOL ♮ majeur en FA ♮ min:
Nᵒ 15. De SOL ♮ majeur en FA ♯ min:

MODULATIONS

DE SOL ♮ MINEUR DANS TOUS LES AUTRES TONS MINEURS.

N.° 1. De SOL ♮ mineur en SOL ♯ min.

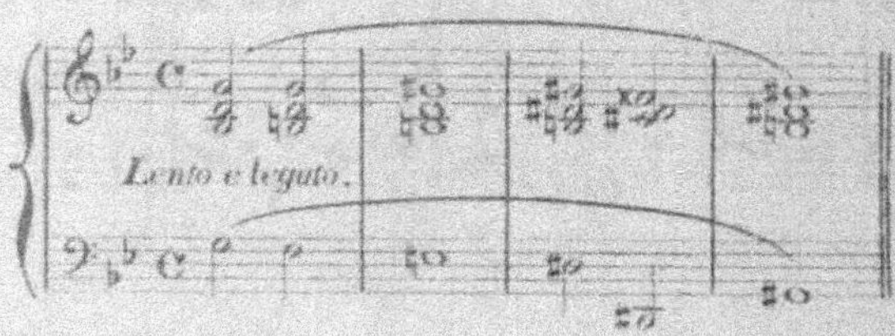

N.° 2. De SOL ♮ mineur en LA ♭ min.

N.° 3. De SOL ♮ mineur en LA ♮ min.

N.° 4. De SOL ♮ mineur en LA ♯ min.

N.° 5. De SOL ♮ mineur en SI ♭ min.

N.° 6. De SOL ♮ mineur en SI ♮ min.

N.° 7. De SOL ♮ mineur en DO ♮ min.

N.º 8 . De SOL ♮ mineur en DO ♯ min:

N.º 9 . De SOL ♮ mineur en RÉ ♭ min:

N.º 10 . De SOL ♮ mineur en RÉ ♯ min:

N.º 11 . De SOL ♮ mineur en MI ♭ min:

N.º 12 . De SOL ♮ mineur en MI ♮ min:

N.º 13 . De SOL ♮ mineur en FA ♮ min:

N.º 14 . De SOL ♮ mineur en FA ♯ min:

MODULATIONS

DE SOL ♮ MINEUR DANS TOUS LES AUTRES TONS MAJEURS

N.º 1. De SOL ♮ mineur en SOL ♮ maj:

N.º 2. De SOL ♮ mineur en LA ♭ maj: N.º 3. De SOL ♮ mineur en LA ♭ maj:

N.º 4. De SOL ♮ mineur en SI ♭ maj: N.º 5. De SOL ♮ mineur en SI ♭ maj:

N.º 6. De SOL ♮ mineur en DO ♭ maj: N.º 7. De SOL ♮ mineur en DO ♭ maj:

N.º 8. De SOL ♮ mineur en DO ♯ maj:
N.º 9. De SOL ♮ mineur en RÉ ♭ maj:
N.º 10. De SOL ♭ mineur en RÉ ♮ maj:
N.º 11. De SOL ♮ mineur en MI ♭ maj:
N.º 12. De SOL ♮ mineur en MI ♮ maj:
N.º 13. De SOL ♮ mineur en FA ♮ maj:
N.º 14. De SOL ♮ mineur en FA ♯ maj:
N.º 15. De SOL ♮ mineur en SOL ♭ maj:

MODULATIONS

DE SOL ♯ MINEUR DANS TOUS LES AUTRES TONS MINEURS

N.º 1. De SOL ♯ mineur en LA ♭ min:

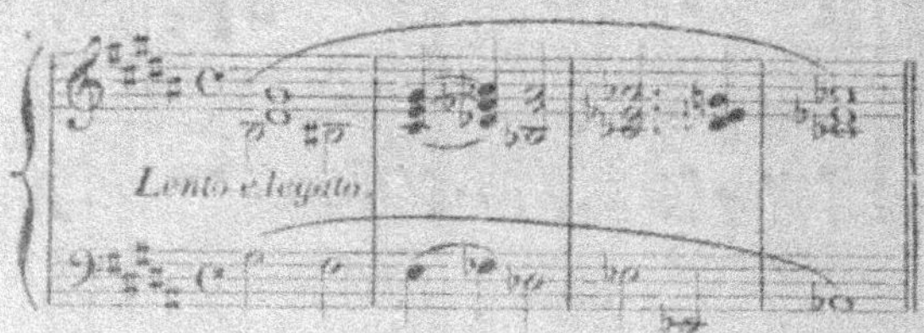

N.º 2. De SOL ♯ mineur en LA ♮ min:

N.º 3. De SOL ♯ mineur en LA ♯ min:

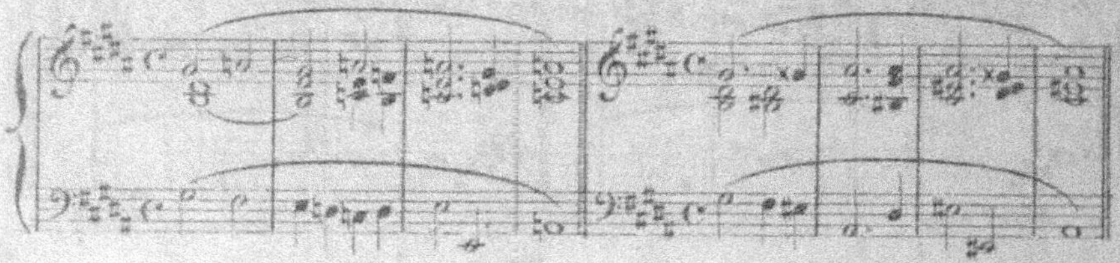

N.º 4. De SOL ♯ mineur en SI ♭ min:

N.º 5. De SOL ♯ mineur en SI ♮ min:

N.º 6. De SOL ♯ mineur en DO ♮ min:

N.º 7. De SOL ♯ mineur en DO ♯ min:

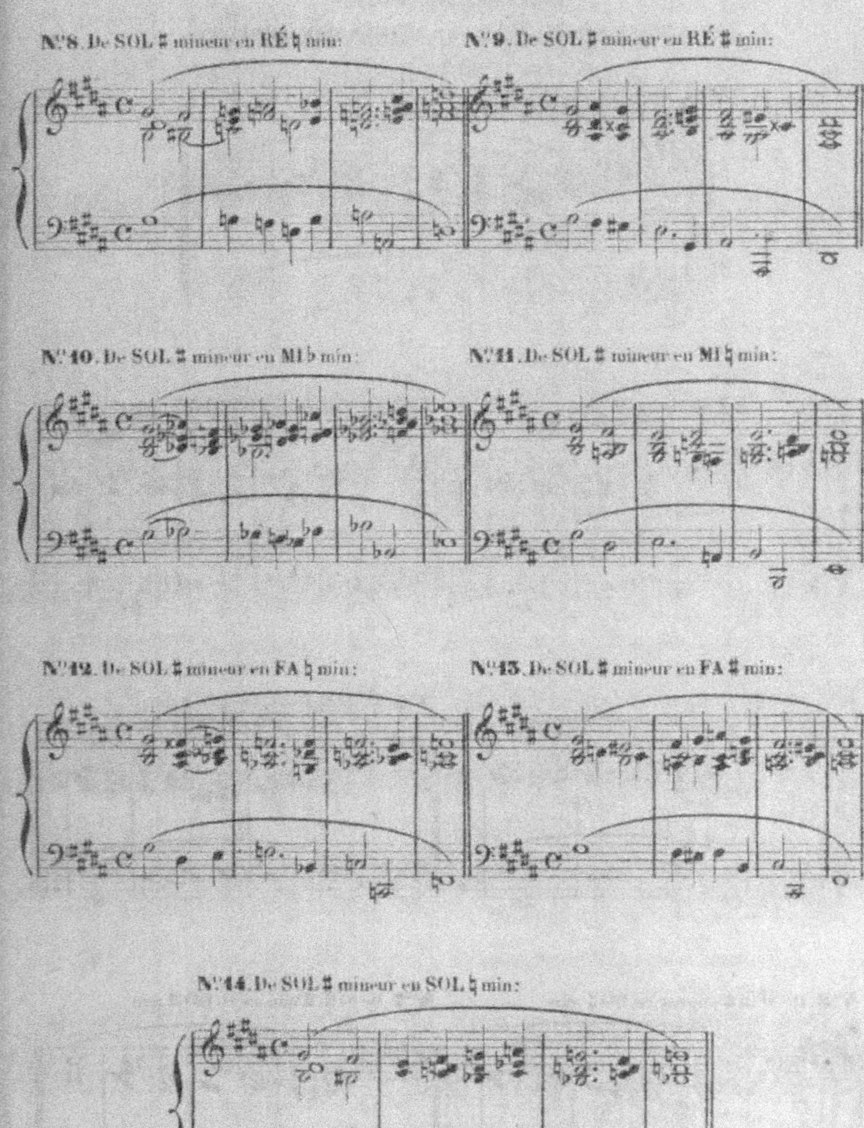
N.º 8. De SOL ♯ mineur en RÉ ♮ min:
N.º 9. De SOL ♯ mineur en RÉ ♯ min:
N.º 10. De SOL ♯ mineur en MI ♭ min:
N.º 11. De SOL ♯ mineur en MI ♮ min:
N.º 12. De SOL ♯ mineur en FA ♮ min:
N.º 13. De SOL ♯ mineur en FA ♯ min:
N.º 14. De SOL ♯ mineur en SOL ♮ min:

MODULATIONS

DE SOL ♯ MINEUR DANS TOUS LES AUTRES TONS MAJEURS.

N.º 1. De SOL ♯ mineur en LA ♭ maj:

N.º 2. De SOL ♯ mineur en LA ♮ maj: N.º 3. De SOL ♯ mineur en SI ♭ maj:

N.º 4. De SOL ♯ mineur en SI ♮ maj: N.º 5. De SOL ♯ mineur en DO ♭ maj:

N.º 6. De SOL ♯ mineur en DO ♮ maj: N.º 7. De SOL ♯ mineur en DO ♯ maj:

N.° 8. De SOL ♯ mineur en RÉ ♭ maj: N.° 9. De SOL ♯ mineur en RÉ ♮ maj:

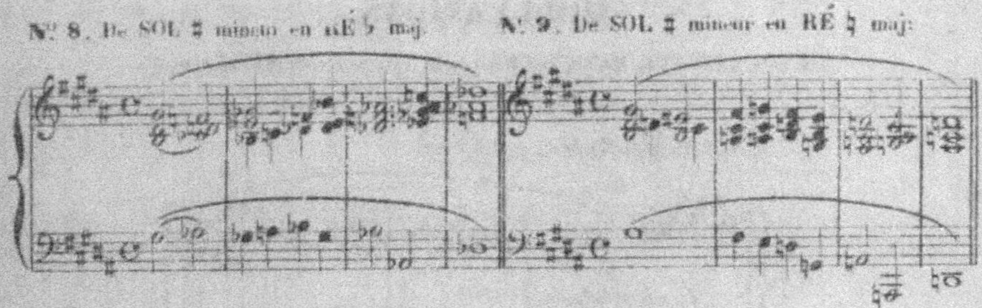

N.° 10. De SOL ♯ mineur en MI ♭ maj: N.° 11. De SOL ♯ mineur en MI ♮ maj:

N.° 12. De SOL ♯ mineur en FA ♮ maj: N.° 13. De SOL ♯ mineur en FA ♯ maj:

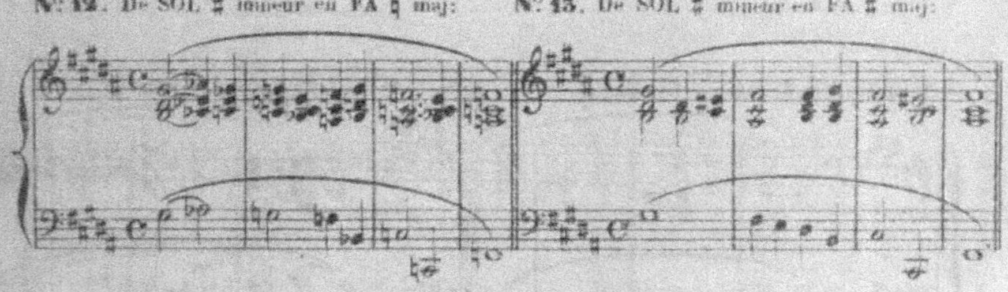

N.° 14. De SOL ♯ mineur en SOL ♭ maj: N.° 15. De SOL ♯ mineur en SOL ♮ maj:

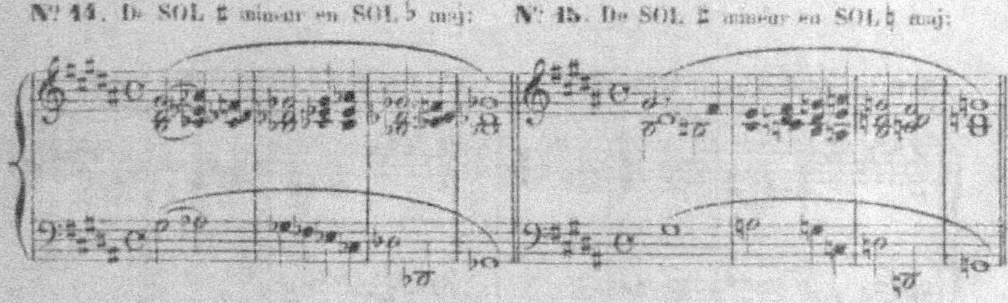

MODULATIONS

DE LA ♭ MAJEUR DANS TOUS LES AUTRES TONS MAJEURS

Nº 1. De LA ♭ majeur en LA ♮ maj:

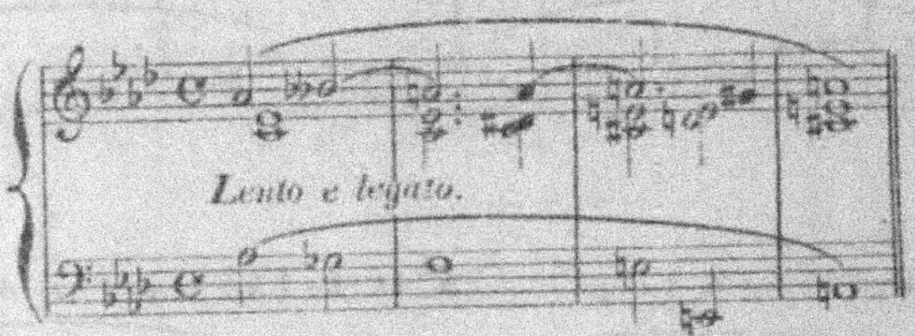

Nº 2. De LA ♭ majeur en SI ♭ maj: Nº 3. De LA ♭ majeur en SI ♮ maj:

Nº 4. De LA ♭ majeur en DO ♭ maj: Nº 5. De LA ♭ majeur en DO ♮ maj:

Nº 6. De LA ♭ majeur en DO ♯ maj: Nº 7. De LA ♭ majeur en RÉ ♭ maj:

N.° 8. De LA♭ majeur en RÉ ♮ maj: N.° 9. De LA♭ majeur en MI ♭ maj:

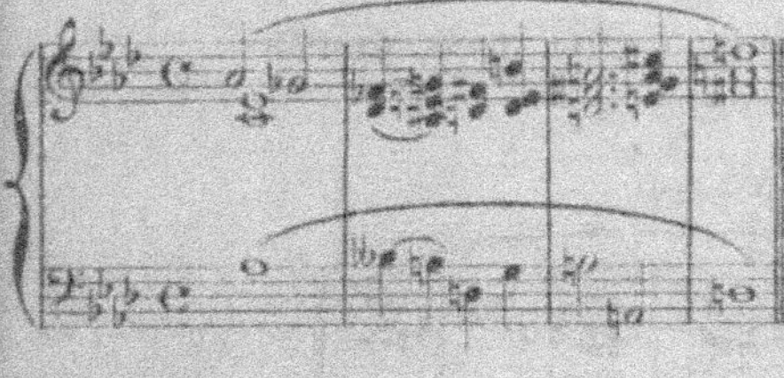

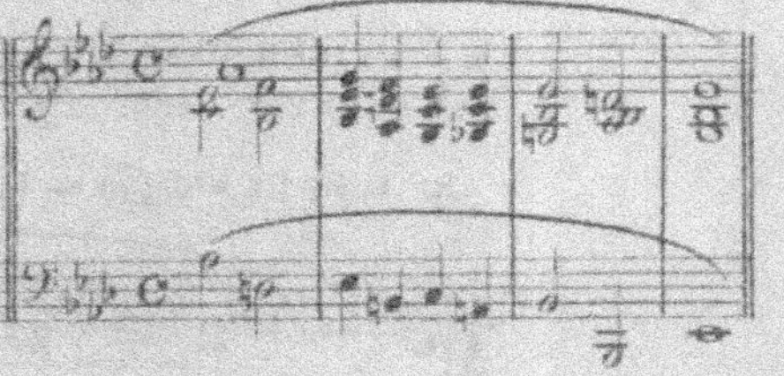

N.° 10. De LA♭ majeur en MI ♮ maj: N.° 11. De LA♭ majeur en FA ♮ maj:

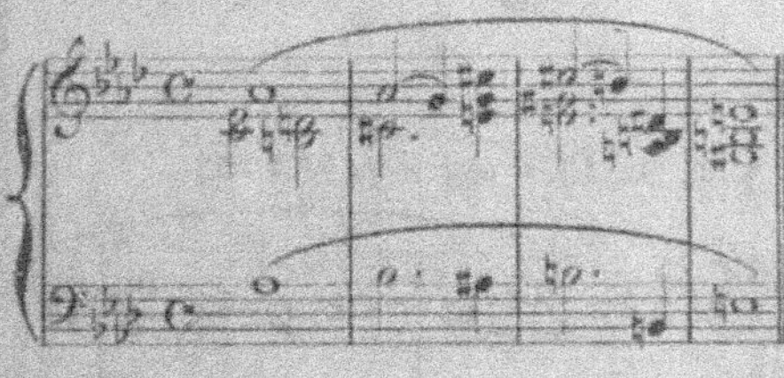

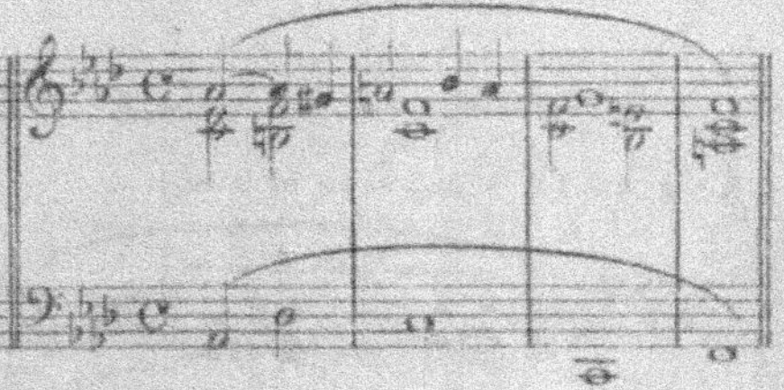

N.° 12. De LA♭ majeur en FA ♯ maj: N.° 13. De LA♭ majeur en SOL ♭ maj:

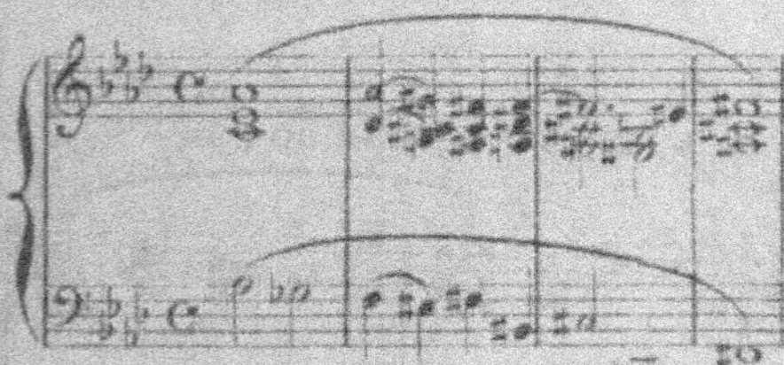

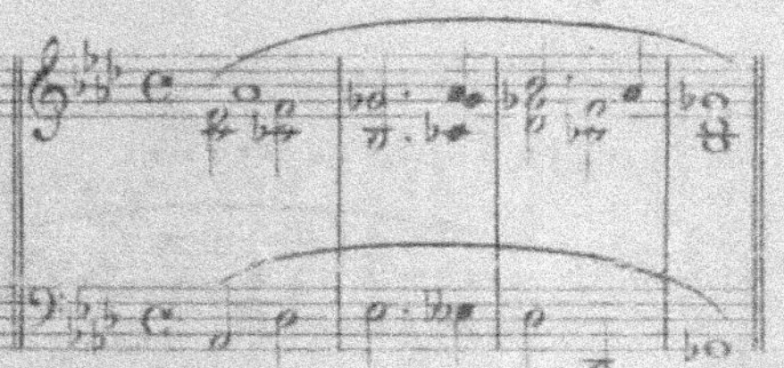

N.° 14. De LA♭ majeur en SOL ♮ maj:

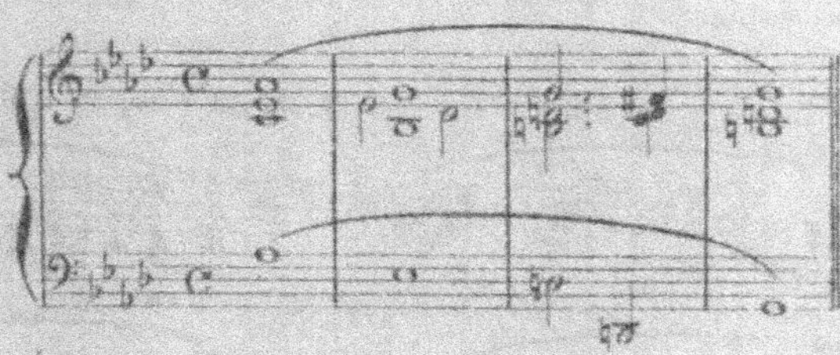

MODULATIONS

DE LA ♭ MAJEUR DANS TOUS LES AUTRES TONS MINEURS.

N.° 1. De LA ♭ majeur en LA ♭ min:

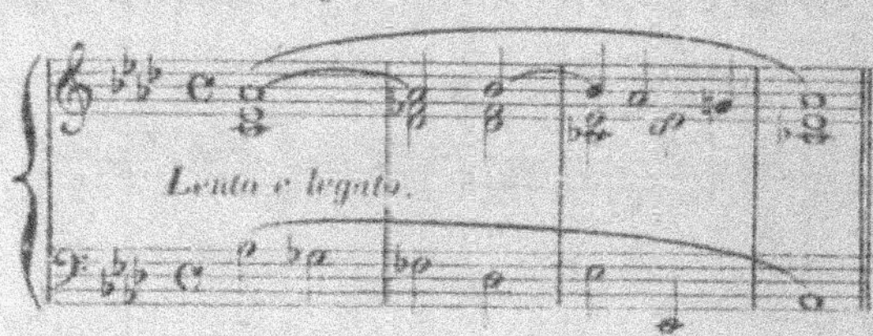

N.° 2. De LA ♭ majeur en LA ♮ min: N.° 3. De LA ♭ majeur en LA ♯ min:

N.° 4. De LA ♭ majeur en SI ♭ min: N.° 5. De LA ♭ majeur en SI ♮ min:

N.° 6. De LA ♭ majeur en DO ♮ min: N.° 7. De LA ♭ majeur en DO ♯ min:

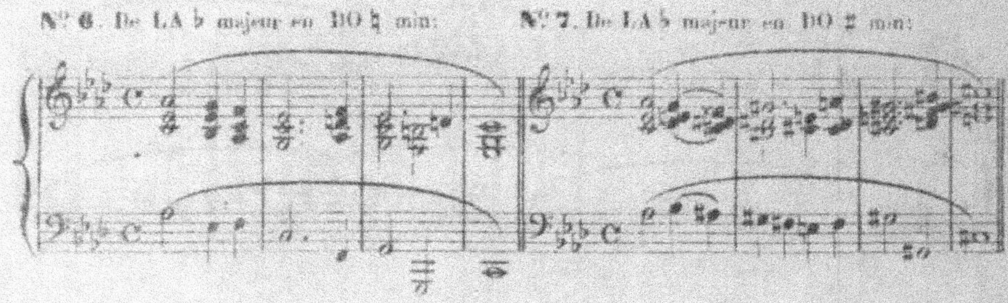

Nº 8. De LA ♭ majeur en RÉ ♮ min:
Nº 9. De LA ♭ majeur en RÉ ♯ min:
Nº 10. De LA ♭ majeur en MI ♭ min:
Nº 11. De LA ♭ majeur en MI ♮ min:
Nº 12. De LA ♭ majeur en FA ♮ min:
Nº 13. De LA ♭ majeur en FA ♯ min:
Nº 14. De LA ♭ majeur en SOL ♮ min:
Nº 15. De LA ♭ majeur en SOL ♯ min:

MODULATIONS

DE LA ♭ MINEUR DANS TOUS LES AUTRES TONS MINEURS.

N.º 1. De LA ♭ mineur en LA ♮ min:

N.º 2. De LA ♭ mineur en LA ♯ min: N.º 3. De LA ♭ mineur en SI ♭ min:

N.º 4. De LA ♭ mineur en SI ♮ min: N.º 5. De LA ♭ mineur en DO ♮ min:

N.º 6. De LA ♭ mineur en DO ♯ min: N.º 7. De LA ♭ mineur en RÉ ♮ min:

N.° 8. De LA ♭ mineur en RÉ ♯ min:
N.° 9. De LA ♭ mineur en MI ♭ min:
N.° 10. De LA ♭ mineur en MI ♭ min:
N.° 11. De LA ♭ mineur en FA ♮ min:
N.° 12. De LA ♭ mineur en FA ♯ min:
N.° 13. De LA ♭ mineur en SOL ♮ min:
N.° 14. De LA ♭ mineur en SOL ♯ min:

MODULATIONS

DE LA 5 MINEUR DANS TOUS LES AUTRES TONS MAJEURS.

N.º 1. De LA 5 mineur en LA ♭ maj.

N.º 2. De LA ♭ mineur en LA ♮ maj.   N.º 3. De LA ♭ mineur en SI ♭ maj.

N.º 4. De LA ♭ mineur en SI ♮ maj.   N.º 5. De LA ♭ mineur en DO ♭ maj.

N.º 6. De LA ♭ mineur en DO ♮ maj.   N.º 7. De LA ♭ mineur en DO ♯ maj.

Nº 8. De LA♭ mineur en RÉ♭ maj:
Nº 9. De LA♭ mineur en RÉ♮ maj:
Nº 10. De LA♭ mineur en MI♭ maj:
Nº 11. De LA♭ mineur en MI♮ maj:
Nº 12. De LA♭ mineur en FA♮ maj:
Nº 13. De LA♭ mineur en FA♯ maj:
Nº 14. De LA♭ mineur en SOL♭ maj:
Nº 15. De LA♭ mineur en SOL♮ maj:

MODULATIONS

DE LA ♮ MAJEUR DANS TOUS LES AUTRES TONS MAJEURS.

N.º 1. De LA ♮ majeur en SI ♭ maj:

N.º 2. De LA ♮ majeur en SI ♮ maj: N.º 3. De LA ♮ majeur en DO ♭ maj:

N.º 4. De LA ♮ majeur en DO ♮ maj: N.º 5. De LA ♮ majeur en DO ♯ maj:

N.º 6. De LA ♮ majeur en RÉ ♭ maj: N.º 7. De LA ♮ majeur en RÉ ♮ maj:

Nº 8. De LA ♮ majeur en MI ♭ maj: Nº 9. De LA ♮ majeur en MI ♮ maj:

Nº 10. De LA ♮ majeur en FA ♮ maj: Nº 11. De LA ♮ majeur en FA ♯ maj:

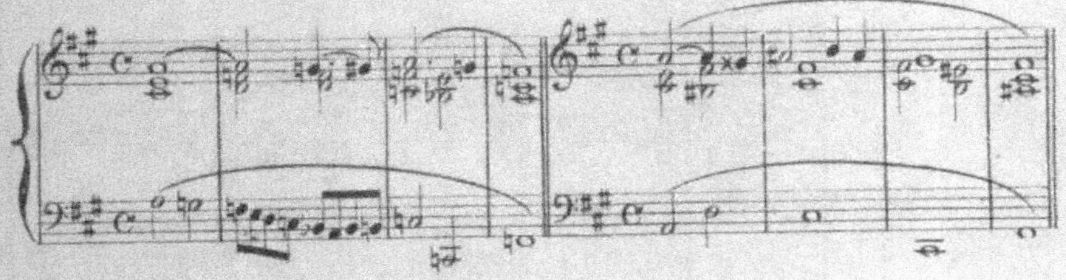

Nº 12. De LA ♮ majeur en SOL ♭ maj: Nº 13. De LA ♮ majeur en SOL ♮ maj:

Nº 14. De LA ♮ majeur en LA ♭ maj:

MODULATIONS

DE LA ♮ MAJEUR DANS TOUS LES AUTRES TONS MINEURS.

N.º 1. De LA ♮ majeur en LA ♮ min:

N.º 2. De LA ♮ majeur en LA ♯ min: N.º 3. De LA ♮ majeur en SI ♭ min:

N.º 4. De LA ♮ majeur en SI ♮ min: N.º 5. De LA ♮ majeur en DO ♮ min:

N.º 6. De LA ♮ majeur en DO ♯ min: N.º 7. De LA ♮ majeur en RÉ ♮ min:

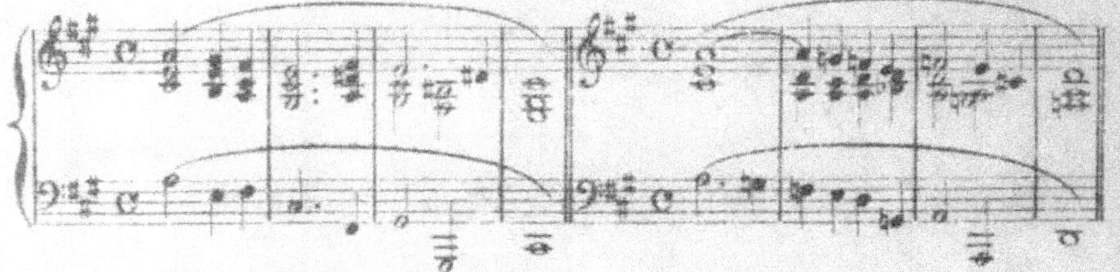

N° 8. De LA ♮ majeur en RÉ ♯ min:
N° 9. De LA ♮ majeur en MI ♭ min:
N° 10. De LA ♮ majeur en MI ♮ min:
N° 11. De LA ♮ majeur en FA ♮ min:
N° 12. De LA ♮ majeur en FA ♯ min:
N° 13. De LA ♮ majeur en SOL ♮ min:
N° 14. De LA ♮ majeur en SOL ♯ min:
N° 15. De LA ♮ majeur en LA ♭ min:

MODULATIONS

DE LA ♮ MINEUR DANS TOUS LES AUTRES TONS MINEURS.

N.° 1. De LA ♮ mineur en LA ♯ min:

N.° 2. De LA ♮ mineur en SI ♭ min:
N.° 3. De LA ♮ mineur en SI ♮ min:

N.° 4. De LA ♮ mineur en DO ♮ min:
N.° 5. De LA ♮ mineur en DO ♯ min:

N.° 6. De LA ♮ mineur en RÉ ♮ min:
N.° 7. De LA ♮ mineur en RÉ ♯ min:

N.º 8. De LA ♮ mineur en MI ♭ min: N.º 9. De LA ♮ mineur en MI ♮ min:

N.º 10. De LA ♮ mineur en FA ♮ min: N.º 11. De LA ♮ mineur en FA ♯ min:

N.º 12. De LA ♮ mineur en SOL ♮ min: N.º 13. De LA ♮ mineur en SOL ♯ min:

N.º 14. De LA ♮ mineur en LA ♭ min:

MODULATIONS
DE LA ♮ MINEUR DANS TOUS LES AUTRES TONS MAJEURS.

N.º 1. De LA ♮ mineur en LA ♮ maj:

N.º 2. De LA ♮ mineur en SI ♭ maj: N.º 3. De LA ♮ mineur en SI ♮ maj:

N.º 4. De LA ♮ mineur en DO ♭ maj: N.º 5. De LA ♮ mineur en DO ♮ maj:

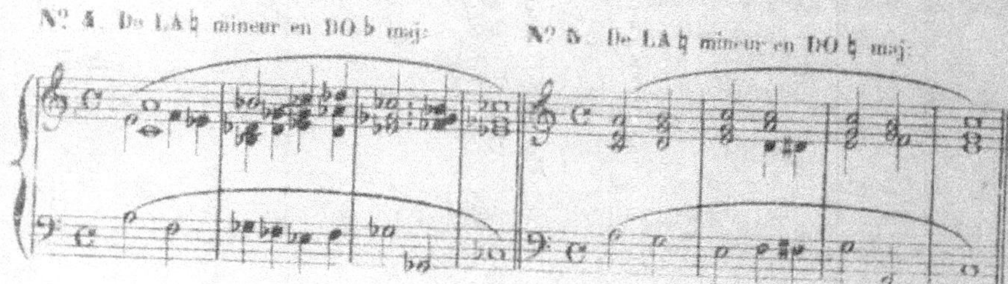

N.º 6. De LA ♮ mineur en DO ♯ maj: N.º 7. De LA ♮ mineur en RÉ ♭ maj:

Nº 8. De LA ♮ mineur en RÉ ♮ maj:
Nº 9. De LA ♮ mineur en MI ♭ maj:
Nº 10. De LA ♮ mineur en MI ♮ maj:
Nº 11. De LA ♮ mineur en FA ♮ maj:
Nº 12. De LA ♮ mineur en FA ♯ maj:
Nº 13. De LA ♮ mineur en SOL ♭ maj:
Nº 14. De LA ♮ mineur en SOL ♮ maj:
Nº 15. De LA ♮ mineur en LA ♭ maj:

MODULATIONS

DE LA ♯ MINEUR DANS TOUS LES AUTRES TONS MINEURS.

Nº 1. De LA ♯ mineur en SI ♭ min:

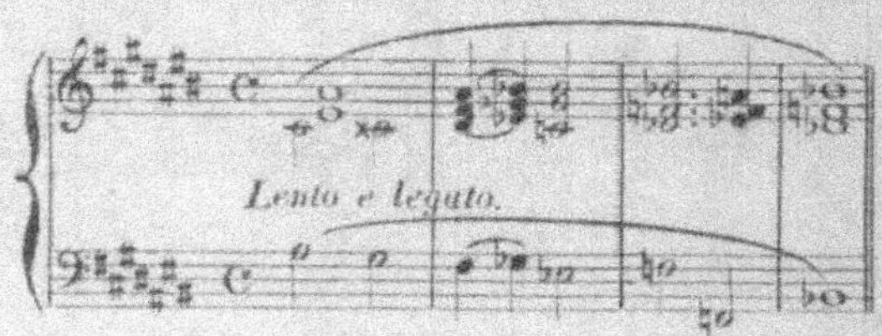

Nº 2. De LA ♯ mineur en SI ♮ min: Nº 3. De LA ♯ mineur en DO ♮ min:

Nº 4. De LA ♯ mineur en DO ♯ min: Nº 5. De LA ♯ mineur en RÉ ♮ min:

Nº 6. De LA ♯ mineur en RÉ ♯ min: Nº 7. De LA ♯ mineur en MI ♭ min:

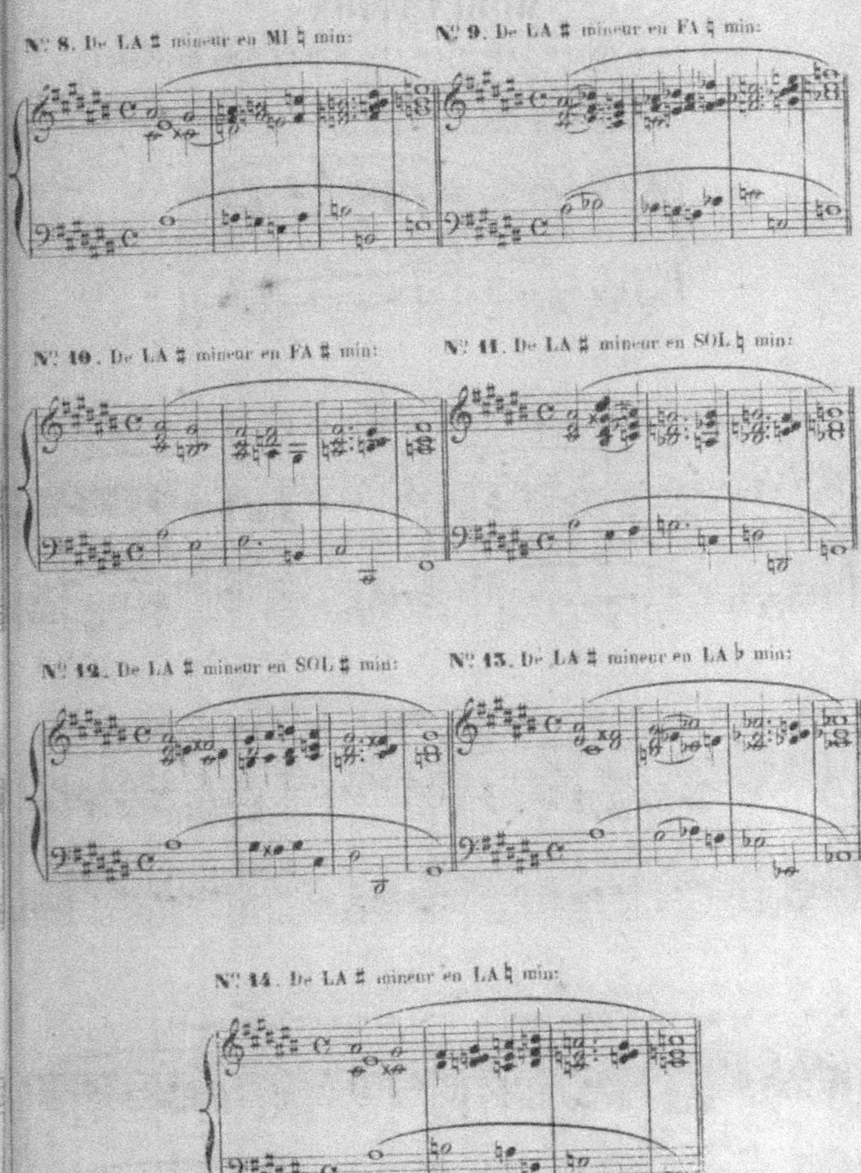

Nº 8. De LA ♯ mineur en MI ♮ min:
Nº 9. De LA ♯ mineur en FA ♮ min:
Nº 10. De LA ♯ mineur en FA ♯ min:
Nº 11. De LA ♯ mineur en SOL ♮ min:
Nº 12. De LA ♯ mineur en SOL ♯ min:
Nº 13. De LA ♯ mineur en LA ♭ min:
Nº 14. De LA ♯ mineur en LA ♮ min:

MODULATIONS
DE LA ♯ MINEUR DANS TOUS LES AUTRES TONS MAJEURS.

N.º 1. De LA ♯ mineur en SI ♭ maj:

N.º 2. De LA ♯ mineur en SI ♮ maj: N.º 3. De LA ♯ mineur en DO ♭ maj:

N.º 4. De LA ♯ mineur en DO ♮ maj: N.º 5. De LA ♯ mineur en DO ♯ maj:

N.º 6. De LA ♯ mineur en RÉ ♭ maj: N.º 7. De LA ♯ mineur en RÉ ♮ maj:

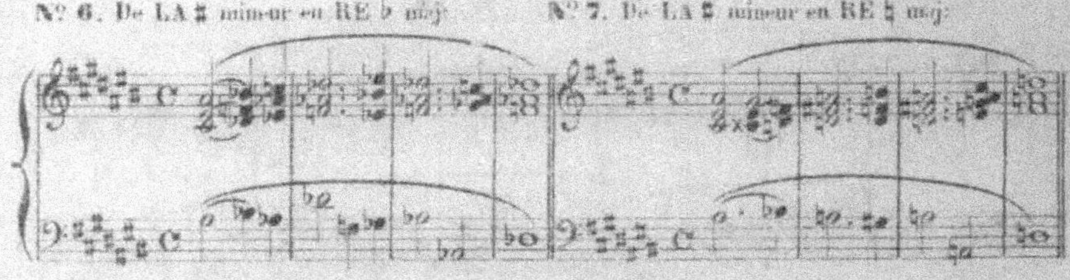

Nº 8. De LA♯ mineur en MI♭ maj:
Nº 9. De LA♯ mineur en MI♮ maj:
Nº 10. De LA♯ mineur en FA♮ maj:
Nº 11. De LA♯ mineur en FA♯ maj:
Nº 12. De LA♯ mineur en SOL♭ maj:
Nº 13. De LA♯ mineur en SOL♮ maj:
Nº 14. De LA♯ mineur en LA♭ maj:
Nº 15. De LA♯ mineur en LA♮ maj:

MODULATIONS
DE SI ♭ MAJEUR DANS TOUS LES AUTRES TONS MAJEURS.

Nº 1. De Si ♭ majeur en Si ♮ maj:

Nº 2. De Si ♭ majeur en DO ♭ maj: Nº 3. De Si ♭ majeur en DO ♮ maj:

Nº 4. De Si ♭ majeur en DO ♯ maj: Nº 5. De Si ♭ majeur en RÉ ♭ maj:

Nº 6. De Si ♭ majeur en RÉ ♮ maj: Nº 7. De Si ♭ majeur en MI ♭ maj:

N.º 8. De SI♭ majeur en MI ♮ maj: N.º 9. De SI♭ majeur en FA ♮ maj:

N.º 10. De SI♭ majeur en FA ♯ maj:    N.º 11. De SI♭ majeur en SOL ♭ maj:

N.º 12. De SI♭ majeur en SOL ♮ maj:    N.º 13. De SI♭ majeur en LA ♭ maj:

N.º 14. De SI♭ majeur en LA ♮ maj:

MODULATIONS
DE SI ♭ MAJEUR DANS TOUS LES AUTRES TONS MINEURS.

N° 1. De SI ♭ majeur en SI ♭ min:

N° 2. De SI ♭ majeur en SI ♮ min: N° 3. De SI ♭ majeur en DO ♮ min:

N° 4. De SI ♭ majeur en DO ♯ min: N° 5. De SI ♭ majeur en RÉ ♮ min:

N° 6. De SI ♭ majeur en RÉ ♯ min: N° 7. De SI ♭ majeur en MI ♭ min:

N.º 8. De SI♭ majeur en MI♮ min:

N.º 9. De SI♭ majeur en FA♮ min:

N.º 10. De SI♭ majeur en FA♯ min:

N.º 11. De SI♭ majeur en SOL♮ min:

N.º 12. De SI♭ majeur en SOL♯ min:

N.º 13. De SI♭ majeur en LA♭ min:

N.º 14. De SI♭ majeur en LA♮ min:

N.º 15. De SI♭ majeur en LA♯ min:

MODULATIONS

DE SI ♭ MINEUR DANS TOUS LES AUTRES TONS MINEURS.

N.º 1. De SI ♭ mineur en SI ♮ min:

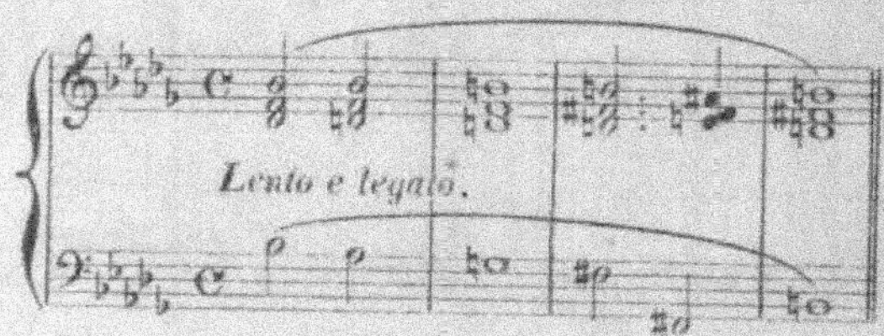

N.º 2. De SI ♭ mineur en DO ♮ min: N.º 3. De SI ♭ mineur en DO ♯ min:

N.º 4. De SI ♭ mineur en RE ♮ min: N.º 5. De SI ♭ mineur en RE ♯ min:

N.º 6. De SI ♭ mineur en MI ♭ min: N.º 7. De SI ♭ mineur en MI ♮ min:

N.º 8. De SI♭ mineur en FA ♮ min:
N.º 9. De SI♭ mineur en FA ♯ min:
N.º 10. De SI♭ mineur en SOL ♮ min:
N.º 11. De SI♭ mineur en SOL ♯ min:
N.º 12. De SI♭ mineur en LA♭ min:
N.º 13. De SI♭ mineur en LA ♮ min:
N.º 14. De SI♭ mineur en LA ♯ min:

MODULATIONS

DE SI ♭ MINEUR DANS TOUS LES AUTRES TONS MAJEURS.

N.º 1. De SI ♭ mineur en SI ♭ maj:

N.º 2. De SI ♭ mineur en SI ♮ maj: N.º 3. De SI ♭ mineur en DO ♭ maj:

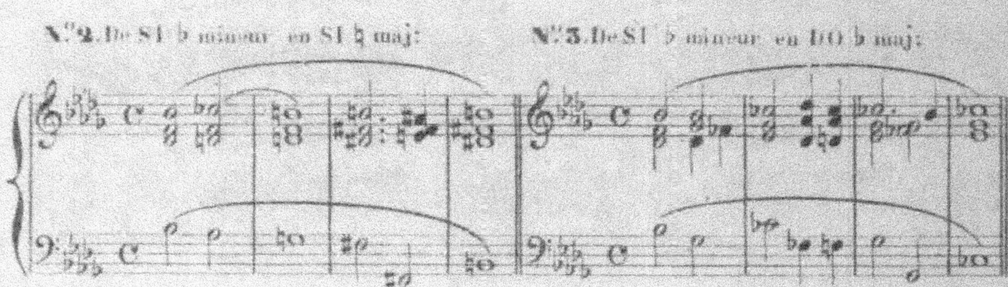

N.º 4. De SI ♭ mineur en DO ♮ maj: N.º 5. De SI ♭ mineur en DO ♯ maj:

N.º 6. De SI ♭ mineur en RE ♭ maj: N.º 7. De SI ♭ mineur en RE ♮ maj:

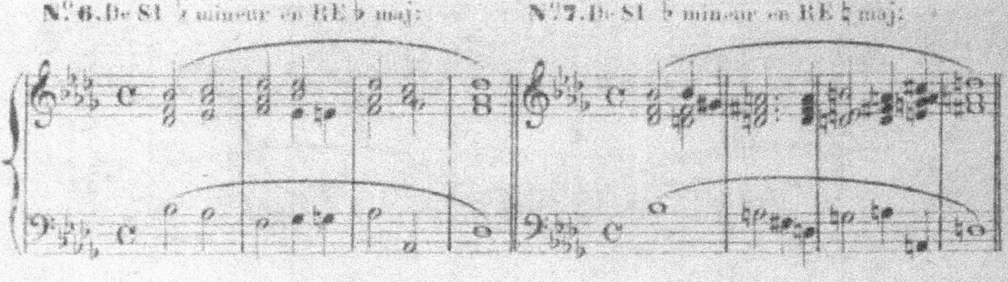

Nº8.De SI ♭ mineur en MI ♭ maj:
Nº9.De SI ♭ mineur en MI ♮ maj:
Nº10.De SI ♭ mineur en FA ♮ maj:
Nº11.De SI ♭ mineur en FA ♯ maj:
Nº12.De SI ♭ mineur en SOL ♭ maj:
Nº13.De SI ♭ mineur en SOL ♮ maj:
Nº14.De SI ♭ mineur en LA ♭ maj:
Nº15.De SI ♭ mineur en LA ♮ maj:

MODULATIONS
DE SI ♮ MAJEUR DANS TOUS LES AUTRES TONS MAJEURS.

N.º 1. De SI ♮ majeur en DO ♭ maj:

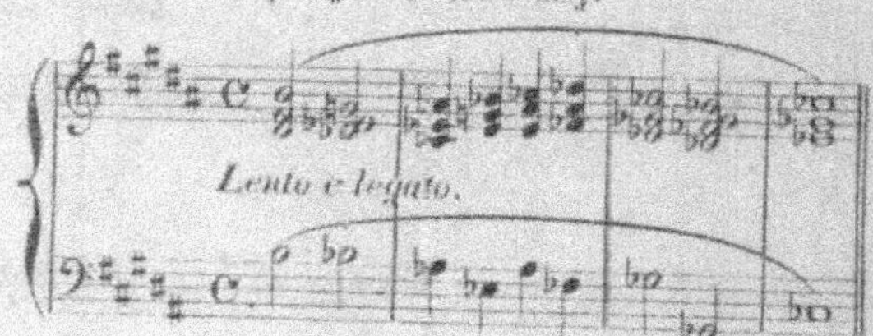

N.º 2. De SI ♮ majeur en DO ♮ maj:

N.º 3. De SI ♮ majeur en DO ♯ maj:

N.º 4. De SI ♮ majeur en RE ♭ maj:

N.º 5. De SI ♮ majeur en RE ♮ maj:

N.º 6. De SI ♮ majeur en MI ♭ maj:

N.º 7. De SI ♮ majeur en MI ♮ maj:

Nº 8. De SI ♮ majeur en FA ♯ maj: Nº 9. De SI ♮ majeur en FA ♯ maj:

Nº 10. De SI ♮ majeur en SOL ♭ maj:  Nº 11. De SI ♮ majeur en SOL ♮ maj:

Nº 12. De SI ♮ majeur en LA ♭ maj:  Nº 13. De SI ♮ majeur en LA ♮ maj:

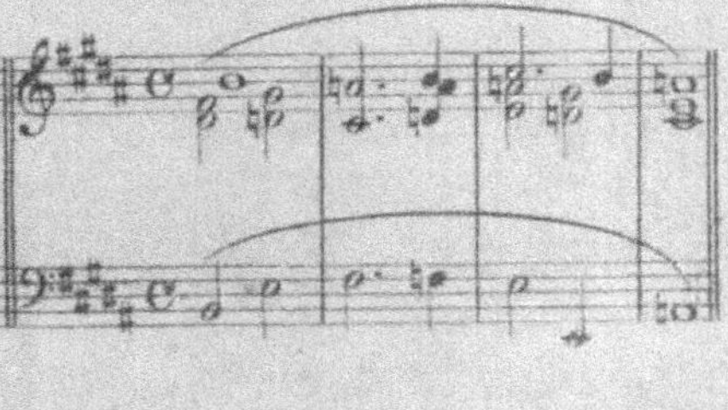

Nº 14. De SI ♮ majeur en SI ♭ maj:

MODULATIONS

DE SI ♮ MAJEUR DANS TOUS LES AUTRES TONS MINEURS.

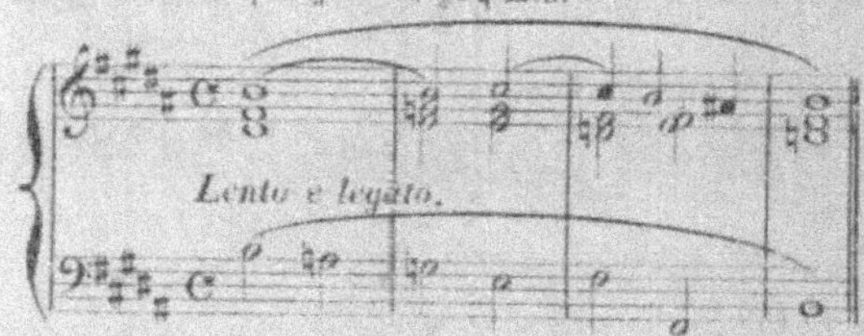

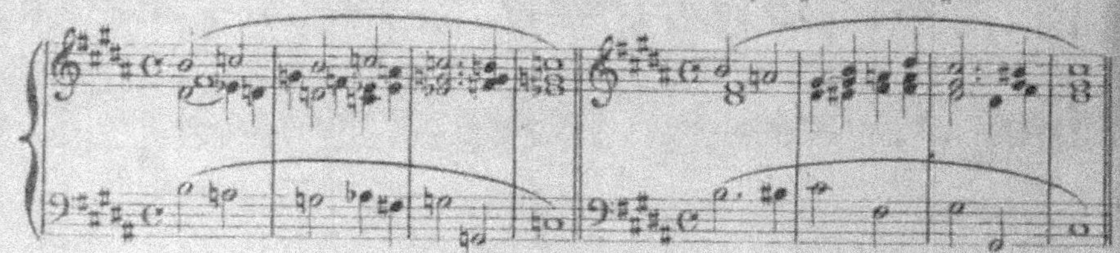

N.º 8. De SI♮ majeur en FA♮ min:
N.º 9. De SI♮ majeur en FA♯ min:
N.º 10. De SI♮ majeur en SOL♮ min:
N.º 11. De SI♮ majeur en SOL♯ min:
N.º 12. De SI♮ majeur en LA♭ min:
N.º 13. De SI♮ majeur en LA♮ min:
N.º 14. De SI♮ majeur en LA♯ min:
N.º 15. De SI♮ majeur en SI♭ min:

MODULATIONS

DE SI ♮ MINEUR DANS TOUS LES AUTRES TONS MINEURS.

N.º 1. De SI ♮ mineur en DO ♭ min:

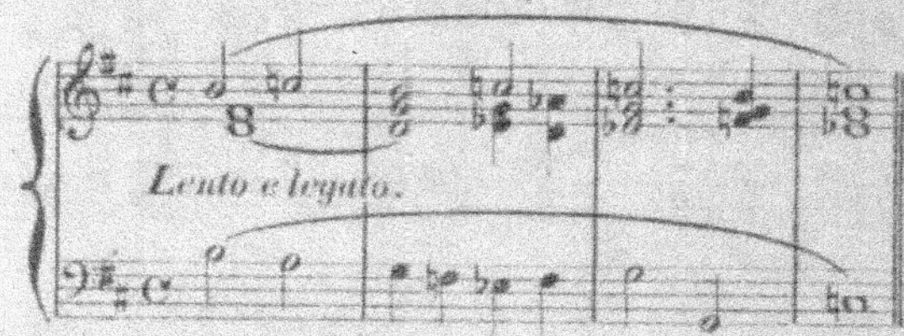

N.º 2. De SI ♮ mineur en DO ♯ min: N.º 3. De SI ♮ mineur en RE ♮ min:

N.º 4. De SI ♮ mineur en RE ♯ min: N.º 5. De SI ♮ mineur en MI ♭ min:

N.º 6. De SI ♮ mineur en MI ♮ min: N.º 7. De SI ♮ mineur en FA ♮ min:

N.º 8. De SI ♮ mineur en FA ♯ maj:
N.º 9. De SI ♮ mineur en SOL ♮ min:
N.º 10. De SI ♮ mineur en SOL ♯ min:
N.º 11. De SI ♮ mineur en LA ♭ min:
N.º 12. De SI ♮ mineur en LA ♮ min:
N.º 13. De SI ♮ mineur en LA ♯ min:
N.º 14. De SI ♮ mineur en SI ♭ min:

MODULATIONS

DE SI ♮ MINEUR DANS TOUS LES AUTRES TONS MAJEURS.

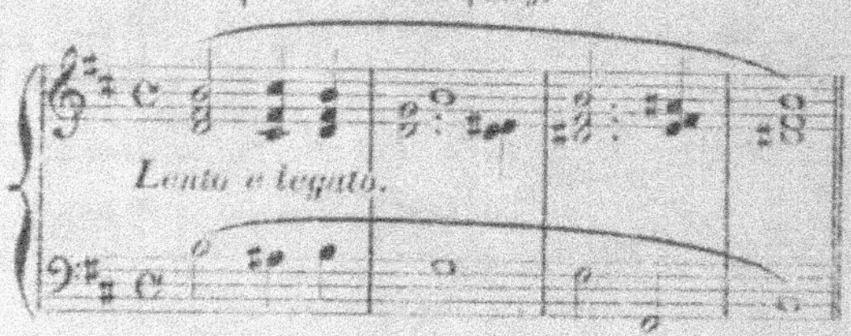

Nº 8. De SI ♮ mineur en MI ♮ maj:
Nº 9. De SI ♮ mineur en FA ♯ maj:
Nº 10. De SI ♮ mineur en FA ♯ maj:
Nº 11. De SI ♮ mineur en SOL ♭ maj:
Nº 12. De SI ♮ mineur en SOL ♯ maj:
Nº 13. De SI ♮ mineur en LA ♭ maj:
Nº 14. De SI ♮ mineur en LA ♮ maj:
Nº 15. De SI ♮ mineur en SI ♭ maj:

MODULATIONS

DE DO♭ MAJEUR DANS TOUS LES AUTRES TONS MAJEURS.

Nº 1. De DO♭ majeur en DO♮ maj:

Nº 2. De DO♭ majeur en DO♯ maj: Nº 3. De DO♭ majeur en RE♭ maj:

Nº 4. De DO♭ majeur en RE♮ maj: Nº 5. De DO♭ majeur en MI♭ maj:

Nº 6. De DO♭ majeur en MI♮ maj: Nº 7. De DO♭ majeur en FA♮ maj:

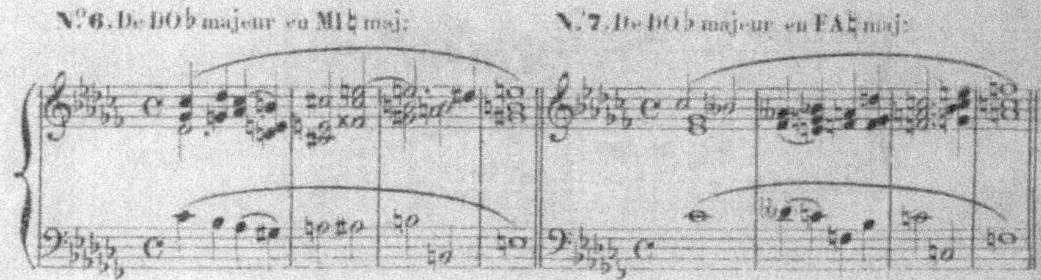

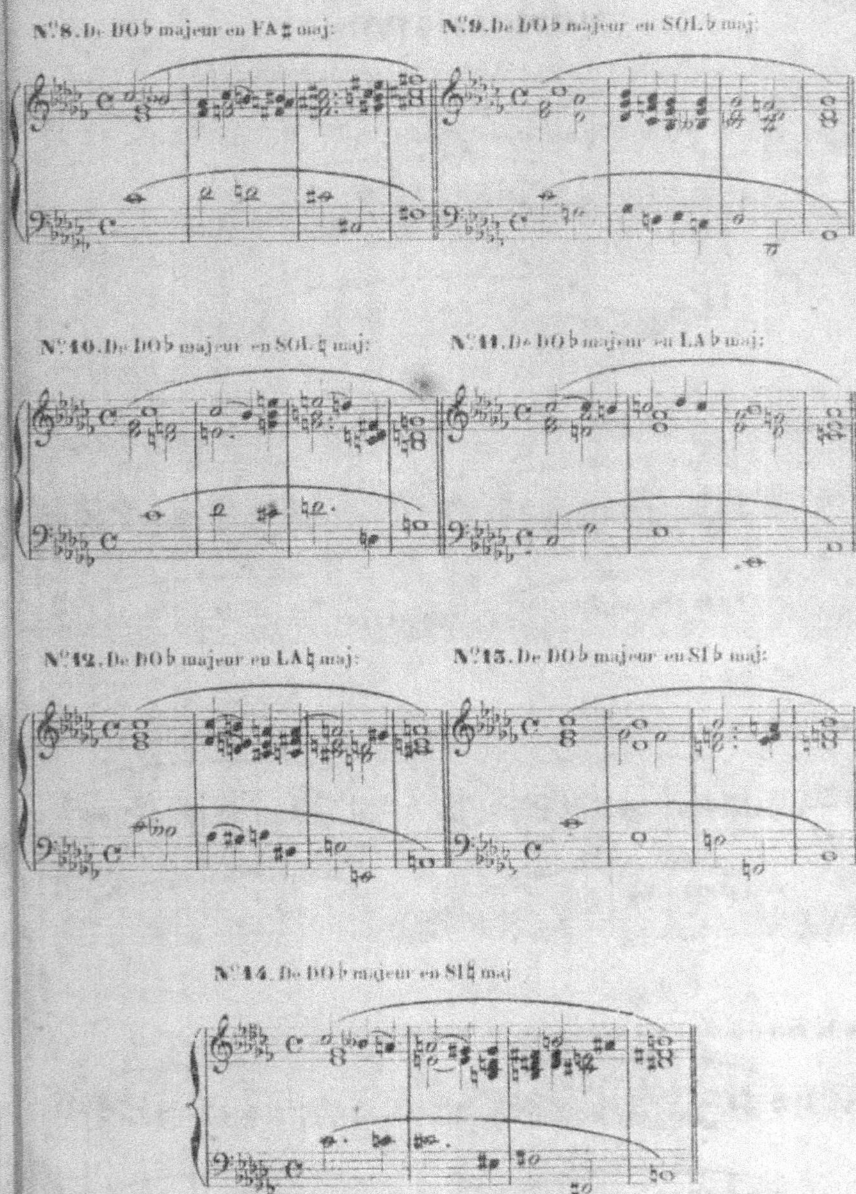

N.° 8. De DO b majeur en FA # maj:
N.° 9. De DO b majeur en SOL b maj:
N.° 10. De DO b majeur en SOL # maj:
N.° 11. De DO b majeur en LA b maj:
N.° 12. De DO b majeur en LA # maj:
N.° 13. De DO b majeur en SI b maj:
N.° 14. De DO b majeur en SI # maj:

MODULATIONS

DE DO ♭ MAJEUR DANS TOUS LES AUTRES TONS MINEURS.

N.º 1. De DO ♭ majeur en DO ♮ min:

N.º 2. De DO ♭ majeur en DO ♭ min: **N.º 3.** De DO ♭ majeur en RE ♮ min:

N.º 4. De DO ♭ majeur en RE ♯ min: **N.º 5.** De DO ♭ majeur en MI ♭ min:

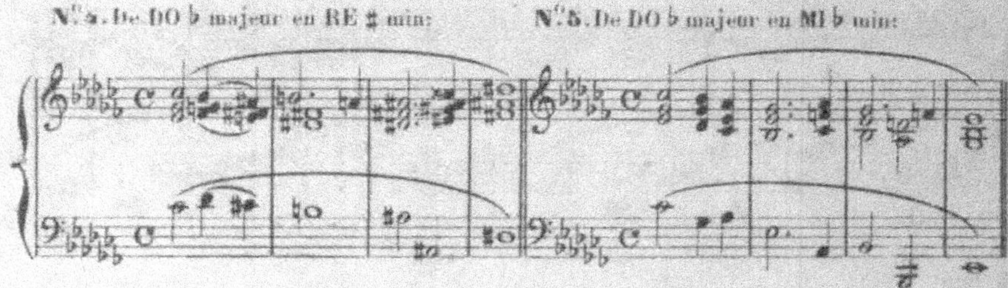

N.º 6. De DO ♭ majeur en MI ♮ min: **N.º 7.** De DO ♭ majeur en FA ♮ min:

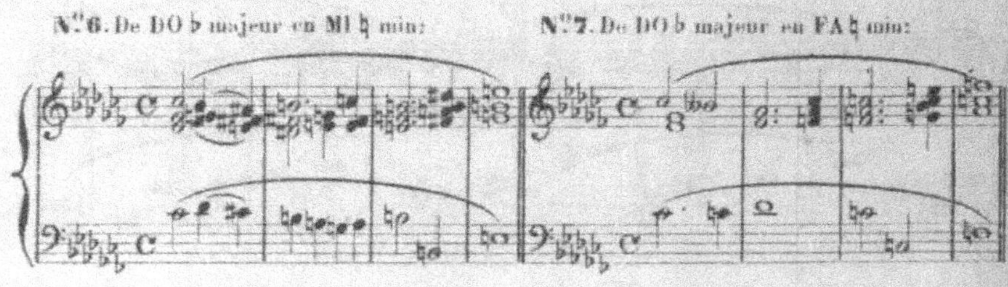

N.º 8. De DO♭ majeur en FA♯ min:
N.º 9. De DO♭ majeur en SOL♮ min:
N.º 10. De DO♭ majeur en SOL♯ min:
N.º 11. De DO♭ majeur en LA♭ min:
N.º 12. De DO♭ majeur en LA♮ min:
N.º 13. De DO♭ majeur en LA♯ min:
N.º 14. De DO♭ majeur en SI♭ min:
N.º 15. De DO♭ majeur en SI♮ min:

TABLE
DES PRÉLUDES ET MODULATIONS.

TON de DO ♮ maj:
de majeur à majeur.

	Pag.	N°
de DO ♮ en DO ♯ —	2	1
de DO ♮ en RÉ ♭ —	2	2
de DO ♮ en RÉ ♮ —	2	3
de DO ♮ en MI ♭ —	2	4
de DO ♮ en MI ♮ —	2	5
de DO ♮ en FA ♮ —	2	6
de DO ♮ en FA ♯ —	2	7
de DO ♮ en SOL ♭ —	3	8
de DO ♮ en SOL ♮ —	3	9
de DO ♮ en LA ♭ —	3	10
de DO ♮ en LA ♮ —	3	11
de DO ♮ en SI ♭ —	3	12
de DO ♮ en SI ♮ —	3	13
de DO ♮ en DO ♭ —	3	14

TON de DO ♮ min:
de mineur à mineur.

	Pag.	N°
de DO ♮ en DO ♯ —	6	1
de DO ♮ en RÉ ♮ —	6	2
de DO ♮ en RÉ ♯ —	6	3
de DO ♮ en MI ♭ —	6	4
de DO ♮ en MI ♮ —	6	5
de DO ♮ en FA ♮ —	6	6
de DO ♮ en FA ♯ —	6	7
de DO ♮ en SOL ♮ —	7	8
de DO ♮ en SOL ♯ —	7	9
de DO ♮ en LA ♭ —	7	10
de DO ♮ en LA ♮ —	7	11
de DO ♮ en LA ♯ —	7	12
de DO ♮ en SI ♭ —	7	13
de DO ♮ en SI ♮ —	7	14

TON de DO ♯ maj:
de majeur à majeur.

	Pag.	N°
de DO ♯ en RÉ ♭ —	10	1
de DO ♯ en MI ♭ —	10	2
de DO ♯ en MI ♮ —	10	3
de DO ♯ en FA ♮ —	10	4
de DO ♯ en FA ♯ —	10	5
de DO ♯ en SOL ♭ —	10	6
de DO ♯ en SOL ♮ —	10	7
de DO ♯ en LA ♭ —	11	8
de DO ♯ en LA ♮ —	11	9
de DO ♯ en SI ♭ —	11	10
de DO ♯ en SI ♮ —	11	11
de DO ♯ en DO ♭ —	11	12
de DO ♯ en DO ♮ —	11	13
de DO ♯ en RÉ ♭ —	11	14

TON de DO ♮ maj:
de majeur à mineur.

	Pag.	N°
de DO ♮ en DO ♮ —	4	1
de DO ♮ en DO ♯ —	4	2
de DO ♮ en RÉ ♮ —	4	3
de DO ♮ en RÉ ♯ —	4	4
de DO ♮ en MI ♭ —	4	5
de DO ♮ en MI ♮ —	4	6
de DO ♮ en FA ♮ —	4	7
de DO ♮ en FA ♯ —	5	8
de DO ♮ en SOL ♮ —	5	9
de DO ♮ en SOL ♯ —	5	10
de DO ♮ en LA ♭ —	5	11
de DO ♮ en LA ♮ —	5	12
de DO ♮ en LA ♯ —	5	13
de DO ♮ en SI ♭ —	5	14
de DO ♮ en SI ♮ —	5	15

TON de DO ♮ min:
de mineur à majeur.

	Pag.	N°
de DO ♮ en DO ♮ —	8	1
de DO ♮ en DO ♯ —	8	2
de DO ♮ en RÉ ♭ —	8	3
de DO ♮ en RÉ ♮ —	8	4
de DO ♮ en MI ♭ —	8	5
de DO ♮ en MI ♮ —	8	6
de DO ♮ en FA ♮ —	8	7
de DO ♮ en FA ♯ —	9	8
de DO ♮ en SOL ♭ —	9	9
de DO ♮ en SOL ♮ —	9	10
de DO ♮ en LA ♭ —	9	11
de DO ♮ en LA ♮ —	9	12
de DO ♮ en SI ♭ —	9	13
de DO ♮ en SI ♮ —	9	14
de DO ♮ en DO ♭ —	9	15

TON de DO ♯ maj:
de majeur à mineur.

	Pag.	N°
de DO ♯ en DO ♯ —	12	1
de DO ♯ en RÉ ♮ —	12	2
de DO ♯ en RÉ ♯ —	12	3
de DO ♯ en MI ♭ —	12	4
de DO ♯ en MI ♮ —	12	5
de DO ♯ en FA ♮ —	12	6
de DO ♯ en FA ♯ —	12	7
de DO ♯ en SOL ♮ —	13	8
de DO ♯ en SOL ♯ —	13	9
de DO ♯ en LA ♭ —	13	10
de DO ♯ en LA ♮ —	13	11
de DO ♯ en LA ♯ —	13	12
de DO ♯ en SI ♭ —	13	13
de DO ♯ en SI ♮ —	13	14
de DO ♯ en DO ♮ —	13	15

TON de DO♯ min:
de mineur à mineur.

	Pag.	N°
de DO♯ en RÉ♮ —	14	1
de DO♯ en RÉ♯ —	14	2
de DO♯ en MI♭ —	14	3
de DO♯ en MI♮ —	14	4
de DO♯ en FA♮ —	14	5
de DO♯ en FA♯ —	14	6
de DO♯ en SOL♮ —	14	7
de DO♯ en SOL♯ —	15	8
de DO♯ en LA♭ —	15	9
de DO♯ en LA♮ —	15	10
de DO♯ en LA♯ —	15	11
de DO♯ en SI♭ —	15	12
de DO♯ en SI♮ —	15	13
de DO♯ en DO♮ —	15	14

TON de RÉ♭ maj:
de majeur à majeur.

	Pag.	N°
de RÉ♭ en RÉ♮ —	18	1
de RÉ♭ en MI♭ —	18	2
de RÉ♭ en MI♮ —	18	3
de RÉ♭ en FA♮ —	18	4
de RÉ♭ en FA♯ —	18	5
de RÉ♭ en SOL♭ —	18	6
de RÉ♭ en SOL♮ —	18	7
de RÉ♭ en LA♭ —	19	8
de RÉ♭ en LA♮ —	19	9
de RÉ♭ en SI♭ —	19	10
de RÉ♭ en SI♮ —	19	11
de RÉ♭ en DO♭ —	19	12
de RÉ♭ en DO♮ —	19	13
de RÉ♭ en DO♯ —	19	14

TON de RÉ♮ maj:
de majeur à majeur.

	Pag.	N°
de RÉ♮ en MI♭ —	22	1
de RÉ♮ en MI♮ —	22	2
de RÉ♮ en FA♮ —	22	3
de RÉ♮ en FA♯ —	22	4
de RÉ♮ en SOL♭ —	22	5
de RÉ♮ en SOL♮ —	22	6
de RÉ♮ en LA♭ —	22	7
de RÉ♮ en LA♮ —	23	8
de RÉ♮ en SI♭ —	23	9
de RÉ♮ en SI♮ —	23	10
de RÉ♮ en DO♭ —	23	11
de RÉ♮ en DO♮ —	23	12
de RÉ♮ en DO♯ —	23	13
de RÉ♮ en RÉ♭ —	23	14

TON de DO♯
de mineur à majeur.

	Pag.	N°
de DO♯ en DO♯ —	16	1
de DO♯ en RÉ♭ —	16	2
de DO♯ en RÉ♮ —	16	3
de DO♯ en MI♭ —	16	4
de DO♯ en MI♮ —	16	5
de DO♯ en FA♮ —	16	6
de DO♯ en FA♯ —	16	7
de DO♯ en SOL♭ —	17	8
de DO♯ en SOL♮ —	17	9
de DO♯ en LA♭ —	17	10
de DO♯ en LA♮ —	17	11
de DO♯ en SI♭ —	17	12
de DO♯ en SI♮ —	17	13
de DO♯ en DO♭ —	17	14
de DO♯ en DO♮ —	17	15

TON de RÉ♭
de majeur à mineur.

	Pag.	N°
de RÉ♭ en RÉ♮ —	20	1
de RÉ♭ en RÉ♯ —	20	2
de RÉ♭ en MI♭ —	20	3
de RÉ♭ en MI♮ —	20	4
de RÉ♭ en FA♮ —	20	5
de RÉ♭ en FA♯ —	20	6
de RÉ♭ en SOL♮ —	20	7
de RÉ♭ en SOL♯ —	21	8
de RÉ♭ en LA♭ —	21	9
de RÉ♭ en LA♮ —	21	10
de RÉ♭ en LA♯ —	21	11
de RÉ♭ en SI♭ —	21	12
de RÉ♭ en SI♮ —	21	13
de RÉ♭ en DO♮ —	21	14
de RÉ♭ en DO♯ —	21	15

TON de RÉ♮
de majeur à mineur.

	Pag.	N°
de RÉ♮ en RÉ♮ —	24	1
de RÉ♮ en RÉ♯ —	24	2
de RÉ♮ en MI♭ —	24	3
de RÉ♮ en MI♮ —	24	4
de RÉ♮ en FA♮ —	24	5
de RÉ♮ en FA♯ —	24	6
de RÉ♮ en SOL♮ —	24	7
de RÉ♮ en SOL♯ —	25	8
de RÉ♮ en LA♭ —	25	9
de RÉ♮ en LA♮ —	25	10
de RÉ♮ en LA♯ —	25	11
de RÉ♮ en SI♭ —	25	12
de RÉ♮ en SI♮ —	25	13
de RÉ♮ en DO♮ —	25	14
de RÉ♮ en DO♯ —	25	15

TON de RÉ♮ min.
de mineur à mineur.

	Pag.	N.°
de RÉ♮ en RÉ♯ __	26	1
de RÉ♮ en MI♭ __	26	2
de RÉ♮ en MI♮ __	26	3
de RÉ♮ en FA♮ __	26	4
de RÉ♮ en FA♯ __	26	5
de RÉ♮ en SOL♮ __	26	6
de RÉ♮ en SOL♯ __	26	7
de RÉ♮ en LA♭ __	27	8
de RÉ♮ en LA♮ __	27	9
de RÉ♮ en LA♯ __	27	10
de RÉ♮ en SI♭ __	27	11
de RÉ♮ en SI♮ __	27	12
de RÉ♮ en DO♮ __	27	13
de RÉ♮ en DO♯ __	27	14

TON de RÉ♯ min.
de mineur à mineur.

	Pag.	N.°
de RÉ♯ en MI♭ __	30	1
de RÉ♯ en MI♮ __	30	2
de RÉ♯ en FA♮ __	30	3
de RÉ♯ en FA♯ __	30	4
de RÉ♯ en SOL♭ __	30	5
de RÉ♯ en SOL♯ __	30	6
de RÉ♯ en LA♭ __	30	7
de RÉ♯ en LA♮ __	31	8
de RÉ♯ en LA♯ __	31	9
de RÉ♯ en SI♭ __	31	10
de RÉ♯ en SI♮ __	31	11
de RÉ♯ en DO♮ __	31	12
de RÉ♯ en DO♯ __	31	13
de RÉ♯ en RÉ♮ __	31	14

TON de MI♭ maj.
de majeur à majeur.

	Pag.	N.°
de MI♭ en MI♮ __	34	1
de MI♭ en FA♮ __	34	2
de MI♭ en FA♯ __	34	3
de MI♭ en SOL♭ __	34	4
de MI♭ en SOL♮ __	34	5
de MI♭ en LA♭ __	34	6
de MI♭ en LA♮ __	34	7
de MI♭ en SI♭ __	35	8
de MI♭ en SI♮ __	35	9
de MI♭ en DO♭ __	35	10
de MI♭ en DO♮ __	35	11
de MI♭ en DO♯ __	35	12
de MI♭ en RÉ♭ __	35	13
de MI♭ en RÉ♮ __	35	14

TON de RÉ♮ min.
de mineur à majeur.

	Pag.	N.°
de RÉ♮ en RÉ♮ __	28	1
de RÉ♮ en MI♭ __	28	2
de RÉ♮ en MI♮ __	28	3
de RÉ♮ en FA♮ __	28	4
de RÉ♮ en FA♯ __	28	5
de RÉ♮ en SOL♭ __	28	6
de RÉ♮ en SOL♮ __	28	7
de RÉ♮ en LA♭ __	29	8
de RÉ♮ en LA♮ __	29	9
de RÉ♮ en SI♭ __	29	10
de RÉ♮ en SI♮ __	29	11
de RÉ♮ en DO♭ __	29	12
de RÉ♮ en DO♮ __	29	13
de RÉ♮ en DO♯ __	29	14
de RÉ♮ en RÉ♭ __	29	15

TON de RÉ♯ min.
de mineur à majeur.

	Pag.	N.°
de RÉ♯ en MI♭ __	32	1
de RÉ♯ en MI♮ __	32	2
de RÉ♯ en FA♮ __	32	3
de RÉ♯ en FA♯ __	32	4
de RÉ♯ en SOL♭ __	32	5
de RÉ♯ en SOL♮ __	32	6
de RÉ♯ en LA♭ __	32	7
de RÉ♯ en LA♮ __	33	8
de RÉ♯ en SI♭ __	33	9
de RÉ♯ en SI♮ __	33	10
de RÉ♯ en DO♭ __	33	11
de RÉ♯ en DO♮ __	33	12
de RÉ♯ en DO♯ __	33	13
de RÉ♯ en RÉ♭ __	33	14
de RÉ♯ en RÉ♮ __	33	15

TON de MI♭ maj.
de majeur à mineur.

	Pag.	N.°
de MI♭ en MI♭ __	36	1
de MI♭ en MI♮ __	36	2
de MI♭ en FA♮ __	36	3
de MI♭ en FA♯ __	36	4
de MI♭ en SOL♮ __	36	5
de MI♭ en SOL♯ __	36	6
de MI♭ en LA♭ __	36	7
de MI♭ en LA♮ __	37	8
de MI♭ en LA♯ __	37	9
de MI♭ en SI♭ __	37	10
de MI♭ en SI♮ __	37	11
de MI♭ en DO♮ __	37	12
de MI♭ en DO♯ __	37	13
de MI♭ en RÉ♮ __	37	14
de MI♭ en RÉ♯ __	37	15

TON de MI♭ min:
de mineur à mineur.

	Pag.	N°.
de MI♭ en MI♮ —	38	1
de MI♭ en FA♮ —	38	2
de MI♭ en FA♯ —	38	3
de MI♭ en SOL♮ —	38	4
de MI♭ en SOL♯ —	38	5
de MI♭ en LA♭ —	38	6
de MI♭ en LA♮ —	38	7
de MI♭ en LA♯ —	39	8
de MI♭ en SI♭ —	39	9
de MI♭ en SI♮ —	39	10
de MI♭ en DO♮ —	39	11
de MI♭ en DO♯ —	39	12
de MI♭ en RÉ♮ —	39	13
de MI♭ en RÉ♯ —	39	14

TON de MI♮ maj:
de majeur à majeur.

	Pag.	N°.
de MI♮ en FA♮ —	42	1
de MI♮ en FA♯ —	42	2
de MI♮ en SOL♭ —	42	3
de MI♮ en SOL♮ —	42	4
de MI♮ en LA♭ —	42	5
de MI♮ en LA♮ —	42	6
de MI♮ en SI♭ —	42	7
de MI♮ en SI♮ —	43	8
de MI♮ en DO♭ —	43	9
de MI♮ en DO♮ —	43	10
de MI♮ en DO♯ —	43	11
de MI♮ en RÉ♭ —	43	12
de MI♮ en RÉ♮ —	43	13
de MI♮ en MI♭ —	43	14

TON de MI♮ min:
de mineur à mineur.

	Pag.	N°.
de MI♮ en FA♮ —	46	1
de MI♮ en FA♯ —	46	2
de MI♮ en SOL♮ —	46	3
de MI♮ en SOL♯ —	46	4
de MI♮ en LA♭ —	46	5
de MI♮ en LA♮ —	46	6
de MI♮ en LA♯ —	46	7
de MI♮ en SI♭ —	47	8
de MI♮ en SI♮ —	47	9
de MI♮ en DO♮ —	47	10
de MI♮ en DO♯ —	47	11
de MI♮ en RÉ♮ —	47	12
de MI♮ en RÉ♯ —	47	13
de MI♮ en MI♭ —	47	14

TON de MI♭ min:
de mineur à majeur.

	Pag.	N°.
de MI♭ en MI♭ —	40	1
de MI♭ en MI♮ —	40	2
de MI♭ en FA♮ —	40	3
de MI♭ en FA♯ —	40	4
de MI♭ en SOL♭ —	40	5
de MI♭ en SOL♮ —	40	6
de MI♭ en LA♭ —	40	7
de MI♭ en LA♮ —	41	8
de MI♭ en SI♭ —	41	9
de MI♭ en SI♮ —	41	10
de MI♭ en DO♭ —	41	11
de MI♭ en DO♮ —	41	12
de MI♭ en DO♯ —	41	13
de MI♭ en RÉ♭ —	41	14
de MI♭ en RÉ♮ —	41	15

TON de MI♮ maj:
de majeur à mineur.

	Pag.	N°.
de MI♮ en MI♮ —	44	1
de MI♮ en FA♮ —	44	2
de MI♮ en FA♯ —	44	3
de MI♮ en SOL♮ —	44	4
de MI♮ en SOL♯ —	44	5
de MI♮ en LA♭ —	44	6
de MI♮ en LA♮ —	44	7
de MI♮ en LA♯ —	45	8
de MI♮ en SI♭ —	45	9
de MI♮ en SI♮ —	45	10
de MI♮ en DO♮ —	45	11
de MI♮ en DO♯ —	45	12
de MI♮ en RÉ♮ —	45	13
de MI♮ en RÉ♯ —	45	14
de MI♮ en MI♭ —	45	15

TON de MI♮ min:
de mineur à majeur.

	Pag.	N°.
de MI♮ en MI♮ —	48	1
de MI♮ en FA♮ —	48	2
de MI♮ en FA♯ —	48	3
de MI♮ en SOL♭ —	48	4
de MI♮ en SOL♮ —	48	5
de MI♮ en LA♭ —	48	6
de MI♮ en LA♮ —	48	7
de MI♮ en SI♭ —	49	8
de MI♮ en SI♮ —	49	9
de MI♮ en DO♭ —	49	10
de MI♮ en DO♮ —	49	11
de MI♮ en DO♯ —	49	12
de MI♮ en RÉ♭ —	49	13
de MI♮ en RÉ♮ —	49	14
de MI♮ en MI♭ —	49	15

TON de FA♮ maj: — de majeur à majeur.

	Pag	N°
de FA♮ en FA♯	50	1
de FA♮ en SOL♭	50	2
de FA♮ en SOL♮	50	3
de FA♮ en LA♭	50	4
de FA♮ en LA♮	50	5
de FA♮ en SI♭	50	6
de FA♮ en SI♮	50	7
de FA♮ en DO♭	51	8
de FA♮ en DO♮	51	9
de FA♮ en DO♯	51	10
de FA♮ en RÉ♭	51	11
de FA♮ en RÉ♮	51	12
de FA♮ en MI♭	51	13
de FA♮ en MI♮	51	14

TON de FA♮ min: — de mineur à mineur.

	Pag	N°
de FA♮ en FA♯	54	1
de FA♮ en SOL♮	54	2
de FA♮ en SOL♯	54	3
de FA♮ en LA♭	54	4
de FA♮ en LA♮	54	5
de FA♮ en LA♯	54	6
de FA♮ en SI♭	54	7
de FA♮ en SI♮	55	8
de FA♮ en DO♮	55	9
de FA♮ en DO♯	55	10
de FA♮ en RÉ♮	55	11
de FA♮ en RÉ♯	55	12
de FA♮ en MI♭	55	13
de FA♮ en MI♮	55	14

TON de FA♯ maj: — de majeur à majeur.

	Pag	N°
de FA♯ en SOL♭	58	1
de FA♯ en SOL♮	58	2
de FA♯ en LA♭	58	3
de FA♯ en LA♮	58	4
de FA♯ en SI♭	58	5
de FA♯ en SI♮	58	6
de FA♯ en DO♭	58	7
de FA♯ en DO♮	59	8
de FA♯ en DO♯	59	9
de FA♯ en RÉ♭	59	10
de FA♯ en RÉ♮	59	11
de FA♯ en MI♭	59	12
de FA♯ en MI♮	59	13
de FA♯ en FA♮	59	14

TON de FA♮ maj: — de majeur à mineur.

	Pag	N°
de FA♮ en FA♮	52	1
de FA♮ en FA♯	52	2
de FA♮ en SOL♮	52	3
de FA♮ en SOL♯	52	4
de FA♮ en LA♭	52	5
de FA♮ en LA♮	52	6
de FA♮ en LA♯	52	7
de FA♮ en SI♭	53	8
de FA♮ en SI♮	53	9
de FA♮ en DO♮	53	10
de FA♮ en DO♯	53	11
de FA♮ en RÉ♮	53	12
de FA♮ en RÉ♯	53	13
de FA♮ en MI♭	53	14
de FA♮ en MI♮	53	15

TON de FA♮ min: — de mineur à majeur.

	Pag	N°
de FA♮ en FA♮	56	1
de FA♮ en FA♯	56	2
de FA♮ en SOL♭	56	3
de FA♮ en SOL♮	56	4
de FA♮ en LA♭	56	5
de FA♮ en LA♮	56	6
de FA♮ en SI♭	56	7
de FA♮ en SI♮	57	8
de FA♮ en DO♭	57	9
de FA♮ en DO♮	57	10
de FA♮ en DO♯	57	11
de FA♮ en RÉ♭	57	12
de FA♮ en RÉ♮	57	13
de FA♮ en MI♭	57	14
de FA♮ en MI♮	57	15

TON de FA♯ maj: — de majeur à mineur.

	Pag	N°
de FA♯ en FA♯	60	1
de FA♯ en SOL♮	60	2
de FA♯ en SOL♯	60	3
de FA♯ en LA♭	60	4
de FA♯ en LA♮	60	5
de FA♯ en LA♯	60	6
de FA♯ en SI♭	60	7
de FA♯ en SI♮	61	8
de FA♯ en DO♮	61	9
de FA♯ en DO♯	61	10
de FA♯ en RÉ♮	61	11
de FA♯ en RÉ♯	61	12
de FA♯ en MI♭	61	13
de FA♯ en MI♮	61	14
de FA♯ en FA♮	61	15

TON de FA ♯ min. — de mineur à mineur.

		Pag.	N°
de FA ♯ en SOL ♮		62	1
de FA ♯ en SOL ♯		62	2
de FA ♯ en LA ♭		62	3
de FA ♯ en LA ♮		62	4
de FA ♯ en LA ♯		62	5
de FA ♯ en SI ♭		62	6
de FA ♯ en SI ♮		62	7
de FA ♯ en DO ♮		63	8
de FA ♯ en DO ♯		63	9
de FA ♯ en RÉ ♮		63	10
de FA ♯ en RE ♯		63	11
de FA ♯ en MI ♭		63	12
de FA ♯ en MI ♮		63	13
de FA ♯ en FA ♮		63	14

TON de SOL ♭ maj. — de majeur à majeur.

		Pag.	N°
de SOL ♭ en SOL ♮		66	1
de SOL ♭ en LA ♭		66	2
de SOL ♭ en LA ♮		66	3
de SOL ♭ en SI ♭		66	4
de SOL ♭ en SI ♮		66	5
de SOL ♭ en DO ♭		66	6
de SOL ♭ en DO ♮		66	7
de SOL ♭ en DO ♯		67	8
de SOL ♭ en RÉ ♭		67	9
de SOL ♭ en RÉ ♮		67	10
de SOL ♭ en MI ♭		67	11
de SOL ♭ en MI ♮		67	12
de SOL ♭ en FA ♮		67	13
de SOL ♭ en FA ♯		67	14

TON de SOL ♮ maj. — de majeur à majeur.

		Pag.	N°
de SOL ♮ en LA ♭		70	1
de SOL ♮ en LA ♮		70	2
de SOL ♮ en SI ♭		70	3
de SOL ♮ en SI ♮		70	4
de SOL ♮ en DO ♭		70	5
de SOL ♮ en DO ♮		70	6
de SOL ♮ en DO ♯		70	7
de SOL ♮ en RÉ ♭		71	8
de SOL ♮ en RÉ ♮		71	9
de SOL ♮ en MI ♭		71	10
de SOL ♮ en MI ♮		71	11
de SOL ♮ en FA ♮		71	12
de SOL ♮ en FA ♯		71	13
de SOL ♮ en SOL ♭		71	14

TON de FA ♯ min. — de mineur à majeur.

		Pag.	N°
de FA ♯ en FA ♯		64	1
de FA ♯ en SOL ♭		64	2
de FA ♯ en SOL ♮		64	3
de FA ♯ en LA ♭		64	4
de FA ♯ en LA ♮		64	5
de FA ♯ en SI ♭		64	6
de FA ♯ en SI ♮		64	7
de FA ♯ en DO ♭		65	8
de FA ♯ en DO ♮		65	9
de FA ♯ en DO ♯		65	10
de FA ♯ en RÉ ♭		65	11
de FA ♯ en RÉ ♮		65	12
de FA ♯ en MI ♭		65	13
de FA ♯ en MI ♮		65	14
de FA ♯ en FA ♮		65	15

TON de SOL ♭ maj. — de majeur à mineur.

		Pag.	N°
de SOL ♭ en SOL ♮		68	1
de SOL ♭ en SOL ♯		68	2
de SOL ♭ en LA ♭		68	3
de SOL ♭ en LA ♮		68	4
de SOL ♭ en LA ♯		68	5
de SOL ♭ en SI ♭		68	6
de SOL ♭ en SI ♮		68	7
de SOL ♭ en DO ♮		69	8
de SOL ♭ en DO ♯		69	9
de SOL ♭ en RÉ ♮		69	10
de SOL ♭ en RÉ ♯		69	11
de SOL ♭ en MI ♭		69	12
de SOL ♭ en MI ♮		69	13
de SOL ♭ en FA ♮		69	14
de SOL ♭ en FA ♯		69	15

TON de SOL ♮ maj. — de majeur à mineur.

		Pag.	N°
de SOL ♮ en SOL ♮		72	1
de SOL ♮ en SOL ♯		72	2
de SOL ♮ en LA ♭		72	3
de SOL ♮ en LA ♮		72	4
de SOL ♮ en LA ♯		72	5
de SOL ♮ en SI ♭		72	6
de SOL ♮ en SI ♮		72	7
de SOL ♮ en DO ♮		73	8
de SOL ♮ en DO ♯		73	9
de SOL ♮ en RÉ ♮		73	10
de SOL ♮ en RÉ ♯		73	11
de SOL ♮ en MI ♭		73	12
de SOL ♮ en MI ♮		73	13
de SOL ♮ en FA ♮		73	14
de SOL ♮ en FA ♯		73	15

TON de SOL♮ min. — de mineur à mineur.

	Pag	N°
de SOL♮ en SOL♯ —	74	1
de SOL♮ en LA♭ —	74	2
de SOL♮ en LA♮ —	74	3
de SOL♮ en LA♯ —	74	4
de SOL♮ en SI♭ —	74	5
de SOL♮ en SI♮ —	74	6
de SOL♮ en DO♮ —	74	7
de SOL♮ en DO♯ —	75	8
de SOL♮ en RÉ♮ —	75	9
de SOL♮ en RÉ♯ —	75	10
de SOL♮ en MI♭ —	75	11
de SOL♮ en MI♮ —	75	12
de SOL♮ en FA♮ —	75	13
de SOL♮ en FA♯ —	75	14

TON de SOL♯ min: — de mineur à mineur.

	Pag	N°
de SOL♯ en LA♭ —	78	1
de SOL♯ en LA♮ —	78	2
de SOL♯ en LA♯ —	78	3
de SOL♯ en SI♭ —	78	4
de SOL♯ en SI♮ —	78	5
de SOL♯ en DO♮ —	78	6
de SOL♯ en DO♯ —	78	7
de SOL♯ en RÉ♮ —	79	8
de SOL♯ en RÉ♯ —	79	9
de SOL♯ en MI♭ —	79	10
de SOL♯ en MI♮ —	79	11
de SOL♯ en FA♮ —	79	12
de SOL♯ en FA♯ —	79	13
de SOL♯ en SOL♮ —	79	14

TON de LA♭ maj: — de majeur à majeur.

	Pag	N°
de LA♭ en LA♮ —	82	1
de LA♭ en SI♭ —	82	2
de LA♭ en SI♮ —	82	3
de LA♭ en DO♭ —	82	4
de LA♭ en DO♮ —	82	5
de LA♭ en DO♯ —	82	6
de LA♭ en RÉ♭ —	82	7
de LA♭ en RÉ♮ —	83	8
de LA♭ en MI♭ —	83	9
de LA♭ en MI♮ —	83	10
de LA♭ en FA♮ —	83	11
de LA♭ en FA♯ —	83	12
de LA♭ en SOL♭ —	83	13
de LA♭ en SOL♮ —	83	14

TON de SOL♮ min: — de mineur à majeur.

	Pag	N°
de SOL♮ en SOL♮ —	76	1
de SOL♮ en LA♭ —	76	2
de SOL♮ en LA♮ —	76	3
de SOL♮ en SI♭ —	76	4
de SOL♮ en SI♮ —	76	5
de SOL♮ en DO♭ —	76	6
de SOL♮ en DO♮ —	76	7
de SOL♮ en DO♯ —	77	8
de SOL♮ en RÉ♭ —	77	9
de SOL♮ en RÉ♮ —	77	10
de SOL♮ en MI♭ —	77	11
de SOL♮ en MI♮ —	77	12
de SOL♮ en FA♮ —	77	13
de SOL♮ en FA♯ —	77	14
de SOL♮ en SOL♭ —	77	15

TON de SOL♯ min: — de mineur à majeur.

	Pag	N°
de SOL♯ en LA♭ —	80	1
de SOL♯ en LA♮ —	80	2
de SOL♯ en SI♭ —	80	3
de SOL♯ en SI♮ —	80	4
de SOL♯ en DO♭ —	80	5
de SOL♯ en DO♮ —	80	6
de SOL♯ en DO♯ —	80	7
de SOL♯ en RÉ♭ —	81	8
de SOL♯ en RÉ♮ —	81	9
de SOL♯ en MI♭ —	81	10
de SOL♯ en MI♮ —	81	11
de SOL♯ en FA♮ —	81	12
de SOL♯ en FA♯ —	81	13
de SOL♯ en SOL♭ —	81	14
de SOL♯ en SOL♮ —	81	15

TON de LA♭ maj: — de majeur à mineur.

	Pag	N°
de LA♭ en LA♭ —	84	1
de LA♭ en LA♮ —	84	2
de LA♭ en LA♯ —	84	3
de LA♭ en SI♭ —	84	4
de LA♭ en SI♮ —	84	5
de LA♭ en DO♮ —	84	6
de LA♭ en DO♯ —	84	7
de LA♭ en RÉ♮ —	85	8
de LA♭ en RÉ♯ —	85	9
de LA♭ en MI♭ —	85	10
de LA♭ en MI♮ —	85	11
de LA♭ en FA♮ —	85	12
de LA♭ en FA♯ —	85	13
de LA♭ en SOL♮ —	85	14
de LA♭ en SOL♯ —	85	15

TON de **LA** ♭ min: *de mineur à mineur.*	Pag.	N.°
de **LA** ♭ en **LA** ♮ —	86	1
de **LA** ♭ en **LA** ♯ —	86	2
de **LA** ♭ en **SI** ♭ —	86	3
de **LA** ♭ en **SI** ♮ —	86	4
de **LA** ♭ en **DO** ♮ —	86	5
de **LA** ♭ en **DO** ♯ —	86	6
de **LA** ♭ en **RÉ** ♮ —	86	7
de **LA** ♭ en **RÉ** ♯ —	87	8
de **LA** ♭ en **MI** ♭ —	87	9
de **LA** ♭ en **MI** ♮ —	87	10
de **LA** ♭ en **FA** ♮ —	87	11
de **LA** ♭ en **FA** ♯ —	87	12
de **LA** ♭ en **SOL** ♮ —	87	13
de **LA** ♭ en **SOL** ♯ —	87	14

TON de **LA** ♮ maj: *de majeur à majeur.*	Pag.	N.°
de **LA** ♮ en **SI** ♭ —	90	1
de **LA** ♮ en **SI** ♮ —	90	2
de **LA** ♮ en **DO** ♭ —	90	3
de **LA** ♮ en **DO** ♮ —	90	4
de **LA** ♮ en **DO** ♯ —	90	5
de **LA** ♮ en **RÉ** ♭ —	90	6
de **LA** ♮ en **RÉ** ♮ —	90	7
de **LA** ♮ en **MI** ♭ —	91	8
de **LA** ♮ en **MI** ♮ —	91	9
de **LA** ♮ en **FA** ♮ —	91	10
de **LA** ♮ en **FA** ♯ —	91	11
de **LA** ♮ en **SOL** ♭ —	91	12
de **LA** ♮ en **SOL** ♮ —	91	13
de **LA** ♮ en **LA** ♭ —	91	14

TON de **LA** ♮ min: *de mineur à mineur.*	Pag.	N.°
de **LA** ♮ en **LA** ♯ —	94	1
de **LA** ♮ en **SI** ♭ —	94	2
de **LA** ♮ en **SI** ♮ —	94	3
de **LA** ♮ en **DO** ♮ —	94	4
de **LA** ♮ en **DO** ♯ —	94	5
de **LA** ♮ en **RÉ** ♮ —	94	6
de **LA** ♮ en **RÉ** ♯ —	94	7
de **LA** ♮ en **MI** ♭ —	95	8
de **LA** ♮ en **MI** ♮ —	95	9
de **LA** ♮ en **FA** ♮ —	95	10
de **LA** ♮ en **FA** ♯ —	95	11
de **LA** ♮ en **SOL** ♮ —	95	12
de **LA** ♮ en **SOL** ♯ —	95	13
de **LA** ♮ en **LA** ♭ —	95	14

TON de **LA** ♭ min: *de mineur à majeur.*	Pag.	N.°
de **LA** ♭ en **LA** ♭ —	88	1
de **LA** ♭ en **LA** ♮ —	88	2
de **LA** ♭ en **SI** ♭ —	88	3
de **LA** ♭ en **SI** ♮ —	88	4
de **LA** ♭ en **DO** ♭ —	88	5
de **LA** ♭ en **DO** ♮ —	88	6
de **LA** ♭ en **DO** ♯ —	88	7
de **LA** ♭ en **RÉ** ♭ —	89	8
de **LA** ♭ en **RÉ** ♮ —	89	9
de **LA** ♭ en **MI** ♭ —	89	10
de **LA** ♭ en **MI** ♮ —	89	11
de **LA** ♭ en **FA** ♮ —	89	12
de **LA** ♭ en **FA** ♯ —	89	13
de **LA** ♭ en **SOL** ♭ —	89	14
de **LA** ♭ en **SOL** ♮ —	89	15

TON de **LA** ♮ maj: *de majeur à mineur.*	Pag.	N.°
de **LA** ♮ en **LA** ♮ —	92	1
de **LA** ♮ en **LA** ♯ —	92	2
de **LA** ♮ en **SI** ♭ —	92	3
de **LA** ♮ en **SI** ♮ —	92	4
de **LA** ♮ en **DO** ♮ —	92	5
de **LA** ♮ en **DO** ♯ —	92	6
de **LA** ♮ en **RÉ** ♮ —	92	7
de **LA** ♮ en **RÉ** ♯ —	93	8
de **LA** ♮ en **MI** ♭ —	93	9
de **LA** ♮ en **MI** ♮ —	93	10
de **LA** ♮ en **FA** ♮ —	93	11
de **LA** ♮ en **FA** ♯ —	93	12
de **LA** ♮ en **SOL** ♮ —	93	13
de **LA** ♮ en **SOL** ♯ —	93	14
de **LA** ♮ en **LA** ♭ —	93	15

TON de **LA** ♮ min: *de mineur à majeur.*	Pag.	N.°
de **LA** ♮ en **LA** ♮ —	96	1
de **LA** ♮ en **SI** ♭ —	96	2
de **LA** ♮ en **SI** ♮ —	96	3
de **LA** ♮ en **DO** ♭	96	4
de **LA** ♮ en **DO** ♮ —	96	5
de **LA** ♮ en **DO** ♯ —	96	6
de **LA** ♮ en **RÉ** ♭ —	96	7
de **LA** ♮ en **RÉ** ♮ —	97	8
de **LA** ♮ en **MI** ♭ —	97	9
de **LA** ♮ en **MI** ♮ —	97	10
de **LA** ♮ en **FA** ♮ —	97	11
de **LA** ♮ en **FA** ♯ —	97	12
de **LA** ♮ en **SOL** ♭ —	97	13
de **LA** ♮ en **SOL** ♮ —	97	14
de **LA** ♮ en **LA** ♭ —	97	15

TON de LA♯ min:
de mineur à mineur.

	Pag.	N°
de LA♯ en SI ♭	98	1
de LA♯ en SI ♮	98	2
de LA♯ en DO ♮	98	3
de LA♯ en DO ♯	98	4
de LA♯ en RÉ ♮	98	5
de LA♯ en RÉ ♯	98	6
de LA♯ en MI ♭	98	7
de LA♯ en MI ♮	99	8
de LA♯ en FA ♮	99	9
de LA♯ en FA ♯	99	10
de LA♯ en SOL ♮	99	11
de LA♯ en SOL ♯	99	12
de LA♯ en LA ♭	99	13
de LA♯ en LA ♮	99	14

TON de SI ♭ maj:
de majeur à majeur.

	Pag.	N°
de SI ♭ en SI ♮	102	1
de SI ♭ en DO ♭	102	2
de SI ♭ en DO ♮	102	3
de SI ♭ en DO ♯	102	4
de SI ♭ en RÉ ♭	102	5
de SI ♭ en RÉ ♮	102	6
de SI ♭ en MI ♭	102	7
de SI ♭ en MI ♮	103	8
de SI ♭ en FA ♮	103	9
de SI ♭ en FA ♯	103	10
de SI ♭ en SOL ♭	103	11
de SI ♭ en SOL ♮	103	12
de SI ♭ en LA ♭	103	13
de SI ♭ en LA ♮	103	14

TON de SI ♭ min:
de mineur à mineur.

	Pag.	N°
de SI ♭ en SI ♮	106	1
de SI ♭ en DO ♮	106	2
de SI ♭ en DO ♯	106	3
de SI ♭ en RÉ ♮	106	4
de SI ♭ en RÉ ♯	106	5
de SI ♭ en MI ♭	106	6
de SI ♭ en MI ♮	106	7
de SI ♭ en FA ♮	107	8
de SI ♭ en FA ♯	107	9
de SI ♭ en SOL ♮	107	10
de SI ♭ en SOL ♯	107	11
de SI ♭ en LA ♭	107	12
de SI ♭ en LA ♮	107	13
de SI ♭ en LA ♯	107	14

TON de LA♯ min:
de mineur à majeur.

	Pag.	N°
de LA♯ en SI ♭	100	1
de LA♯ en SI ♮	100	2
de LA♯ en DO ♭	100	3
de LA♯ en DO ♮	100	4
de LA♯ en DO ♯	100	5
de LA♯ en RÉ ♭	100	6
de LA♯ en RÉ ♮	100	7
de LA♯ en MI ♭	101	8
de LA♯ en MI ♮	101	9
de LA♯ en FA ♮	101	10
de LA♯ en FA ♯	101	11
de LA♯ en SOL ♭	101	12
de LA♯ en SOL ♮	101	13
de LA♯ en LA ♭	101	14
de LA♯ en LA ♮	101	15

TON de SI ♭ maj:
de majeur à mineur.

	Pag.	N°
de SI ♭ en SI ♭	104	1
de SI ♭ en SI ♮	104	2
de SI ♭ en DO ♮	104	3
de SI ♭ en DO ♯	104	4
de SI ♭ en RÉ ♮	104	5
de SI ♭ en RÉ ♯	104	6
de SI ♭ en MI ♭	104	7
de SI ♭ en MI ♮	105	8
de SI ♭ en FA ♮	105	9
de SI ♭ en FA ♯	105	10
de SI ♭ en SOL ♮	105	11
de SI ♭ en SOL ♯	105	12
de SI ♭ en LA ♭	105	13
de SI ♭ en LA ♮	105	14
de SI ♭ en LA ♯	105	15

TON de SI ♭ min:
de mineur à majeur.

	Pag.	N°
de SI ♭ en SI ♭	108	1
de SI ♭ en SI ♮	108	2
de SI ♭ en DO ♭	108	3
de SI ♭ en DO ♮	108	4
de SI ♭ en DO ♯	108	5
de SI ♭ en RÉ ♭	108	6
de SI ♭ en RÉ ♮	108	7
de SI ♭ en MI ♭	109	8
de SI ♭ en MI ♮	109	9
de SI ♭ en FA ♮	109	10
de SI ♭ en FA ♯	109	11
de SI ♭ en SOL ♭	109	12
de SI ♭ en SOL ♮	109	13
de SI ♭ en LA ♭	109	14
de SI ♭ en LA ♮	109	15

TON de **SI ♮** maj: — *de majeur à majeur.*

		Pag.	N.º
de SI ♮ en DO ♭		110	1
de SI ♮ en DO ♮		110	2
de SI ♮ en DO ♯		110	3
de SI ♮ en RÉ ♭		110	4
de SI ♮ en RÉ ♮		110	5
de SI ♮ en MI ♭		110	6
de SI ♮ en MI ♮		110	7
de SI ♮ en FA ♮		111	8
de SI ♮ en FA ♯		111	9
de SI ♮ en SOL ♭		111	10
de SI ♮ en SOL ♮		111	11
de SI ♮ en LA ♭		111	12
de SI ♮ en LA ♮		111	13
de SI ♮ en SI ♭		111	14

TON de **SI ♮** maj: — *de majeur à mineur.*

		Pag.	N.º
de SI ♮ en SI ♮		112	1
de SI ♮ en DO ♮		112	2
de SI ♮ en DO ♯		112	3
de SI ♮ en RÉ ♮		112	4
de SI ♮ en RÉ ♯		112	5
de SI ♮ en MI ♭		112	6
de SI ♮ en MI ♮		112	7
de SI ♮ en FA ♮		113	8
de SI ♮ en FA ♯		113	9
de SI ♮ en SOL ♮		113	10
de SI ♮ en SOL ♯		113	11
de SI ♮ en LA ♭		113	12
de SI ♮ en LA ♮		113	13
de SI ♮ en LA ♯		113	14
de SI ♮ en SI ♭		113	15

TON de **SI ♮** min: — *de mineur à mineur.*

		Pag.	N.º
de SI ♮ en DO ♮		114	1
de SI ♮ en DO ♯		114	2
de SI ♮ en RÉ ♮		114	3
de SI ♮ en RÉ ♯		114	4
de SI ♮ en MI ♭		114	5
de SI ♮ en MI ♮		114	6
de SI ♮ en FA ♮		114	7
de SI ♮ en FA ♯		115	8
de SI ♮ en SOL ♮		115	9
de SI ♮ en SOL ♯		115	10
de SI ♮ en LA ♭		115	11
de SI ♮ en LA ♮		115	12
de SI ♮ en LA ♯		115	13
de SI ♮ en SI ♭		115	14

TON de **SI ♮** min: — *de mineur à majeur.*

		Pag.	N.º
de SI ♮ en SI ♮		116	1
de SI ♮ en DO ♭		116	2
de SI ♮ en DO ♮		116	3
de SI ♮ en DO ♯		116	4
de SI ♮ en RÉ ♭		116	5
de SI ♮ en RÉ ♮		116	6
de SI ♮ en MI ♭		116	7
de SI ♮ en MI ♮		117	8
de SI ♮ en FA ♮		117	9
de SI ♮ en FA ♯		117	10
de SI ♮ en SOL ♭		117	11
de SI ♮ en SOL ♮		117	12
de SI ♮ en LA ♭		117	13
de SI ♮ en LA ♮		117	14
de SI ♮ en SI ♭		117	15

TON de **DO ♭** maj: — *de majeur à majeur.*

		Pag.	N.º
de DO ♭ en DO ♮		118	1
de DO ♭ en DO ♯		118	2
de DO ♭ en RÉ ♭		118	3
de DO ♭ en RÉ ♮		118	4
de DO ♭ en MI ♭		118	5
de DO ♭ en MI ♮		118	6
de DO ♭ en FA ♮		118	7
de DO ♭ en FA ♯		119	8
de DO ♭ en SOL ♭		119	9
de DO ♭ en SOL ♮		119	10
de DO ♭ en LA ♭		119	11
de DO ♭ en LA ♮		119	12
de DO ♭ en SI ♭		119	13
de DO ♭ en SI ♮		119	14

TON de **DO ♭** maj: — *de majeur à mineur.*

		Pag.	N.º
de DO ♭ en DO ♮		120	1
de DO ♭ en DO ♯		120	2
de DO ♭ en RÉ ♮		120	3
de DO ♭ en RÉ ♯		120	4
de DO ♭ en MI ♭		120	5
de DO ♭ en MI ♮		120	6
de DO ♭ en FA ♮		120	7
de DO ♭ en FA ♯		121	8
de DO ♭ en SOL ♮		121	9
de DO ♭ en SOL ♯		121	10
de DO ♭ en LA ♭		121	11
de DO ♭ en LA ♮		121	12
de DO ♭ en LA ♯		121	13
de DO ♭ en SI ♭		121	14
de DO ♭ en SI ♮		121	15

Fin de la Table.

CATALOGUE

DES COMPOSITIONS MUSICALES

de

HENRI ROUBIER.

Extrait du Catalogue général de Simon Richault éditeur,

Boulevart Poissonnière **26** au 1er

		f.	c.
Op: 20.	LA VALLÉE DES ROSES,		
	2e Mazurka de salon		
	idem à quatre mains	7	50
Op: 21.	DUCHESSE–POLKA	5	"
	idem à quatre mains	7	50
Op: 22.	VALSE AMÉRICAINE	5	"
Op: 24.	LE LANGAGE DES FLEURS,		
	3e Mazurka de salon	6	"
	idem à quatre mains	7	50
Op: 25.	LE DÉPART DU ZOUAVE, quadrille		
	militaire à grand orchestre	9	"
	idem pour Piano, Violon, Piston		
	et Violoncelle	4	50
	idem à quatre mains	6	"
Op: 26.	LES DRAGONS DE LA REINE,		
	quadrille militaire à grand		
	Orchestre	9	"
	idem pour Piano, Violon, Piston		
	et Violoncelle	4	50
	idem à quatre mains	6	"
Op: 27.	LE RETOUR DU ZOUAVE, quadrille		
	militaire à grand orchestre	9	"
	idem pour Piano, Violon, Piston		
	et Violoncelle	4	50
	idem à quatre mains	6	"
Op: 28.	VAILLANCE, Schottisch–Marche		
	de salon	6	"
	idem à quatre mains	7	50
Op: 29.	FLEUR PRINTANNIÈRE,		
	Fantaisie–Mazurka de salon	6	"
	idem à quatre mains	7	50
Op: 30.	ESILDA, Fantaisie–Polka de salon	6	"
	idem à quatre mains	7	50

ARRANGEMENTS à QUATRE MAINS,

Des œuvres de charles marie de Weber.

Par HENRI ROUBIER.

		f.	c.
Ouv: 5.	QUATUOR	12	"
24.	SONATE	12	"
28.	VARIATIONS sur la Romance		
	de JOSEPH	9	"
33.	VARIATIONS	9	"
39.	SONATE	12	"
49.	Idem	12	"
62.	RONDO BRILLANT	7	50
63.	TRIO	12	"
70.	SONATE	12	"
1re et 2e SYMPHONIE, chaque		15	"
Six premiers Quatuors de BEETHOVEN,			
oeuvre 18, arrangés pour Piano et			
Violon concertant chaque		12	"
Collection complète des Quatuors de			
BEETHOVEN, pour instruments à cordes			
arrangés à quatre mains,			
chaque		12	"
Collection complète des Quatuors			
d'HAYDN pour instruments à cordes			
arrangés à quatre mains,			
chaque		9	"
Vingt et un Concertos de MOZART pour			
Piano seul, les Tutti adaptés au Piano,			
chaque		12	"
Les mêmes mis en partition,			
chaque net		5	"
Sept Concertos de BEETHOVEN et sa			
Fantaisie avec chœur mis en partition,			
chaque net		6	"

www.ingramcontent.com/pod-product-compliance
Lightning Source LLC
LaVergne TN
LVHW052031060726
842528LV00002B/709